文明的遊牧史觀

一部逆轉的大中國史

楊海英——著

逆転の
大中国史
ユーラシアの
視点から

「支那／中國」與「歐亞東部」國家變遷表

年代	支那王朝	歐亞東部的遊牧民族世界
西元前21世紀～前16世紀左右	【夏】 隸屬壯侗語系的夏人，乃是傳說中最古老的王朝。	位在西伯利亞南部貝加爾湖一帶的基托伊（kitoi）文化興起。新石器時代。西元前8000～前6000年左右，今日內蒙古自治區東部的紅山文化繁盛發展。
～西元前1027年左右	【殷】 從現今中國東北滿洲地區森林入主中原的殷人集團所建設的王朝。甲骨文出現。	以西伯利亞南部米努辛斯克盆地為中心的安德羅諾沃文化。發展出獨特的青銅器文化。草原地帶開始使用由西方傳來的馬車。
西元前1027～前256年	【周】 從仰韶文化圈西北部入主中原的王朝，始祖為武王。西元前771年，受到北亞遊牧民夷戎的進攻，被迫將首都由鎬京（長安）遷至洛陽。遷都之後稱為「東周」，之前的時代則稱為「西周」。在遊牧民族的壓迫下，周王室的勢力衰弱，從而揭開了春秋戰國時代的序幕。至西元前403年為止的東周稱為「春秋時代」，其後則稱為「戰國時代」。	外貝加爾、蒙古地區的文化興起。西伯利亞的塔加爾（Tagar）文化興起，並與斯基泰文化產生交流。西伯利亞南部米努辛斯克與蒙古高原地區，遊牧民族盛行建造巨大古墳（庫爾干／kurgan），巨大王權出現。歐亞東北部地區，斯基泰、西伯利亞文化繁盛。在遊牧民族世界中，鄂爾多斯式青銅器文化興起，對支那青銅器造成影響。

年代	支那王朝	歐亞東部的遊牧民族世界
西元前771～前206年	【秦】 祖先出自西北遊牧民族的秦，於西元前221年消滅各國，建設了中國最初的統一王朝，漢人集團的初期雛形成型。為防備匈奴南進，建設長城。	匈奴開始活躍於世界舞台上。在蒙古高原西部阿爾泰山地區，巴澤雷克文化興盛。
西元前202～西元8年	【漢】 西元前202年，劉邦（高祖）建立漢朝，定都長安；此為漢人最初的王朝。東亞地區形成匈漢兩國並存的態勢。匈奴影響力擴散到遙遠的歐亞地帶。	西元前209～前174年，冒頓單于統治時期。匈奴西伐月氏，並擊破漢帝劉邦的軍隊。漢向匈奴帝國提供絹和女子，行臣服之禮。
西元25～220年	【後漢】 在支那地區，劉秀（光武帝）於西元25年重振漢朝，定都洛陽。	諾音烏拉文化。西元57年匈奴內亂，帝國分裂為南北兩國。匈奴將西域諸國置於支配下。北匈奴於1世紀左右漸漸西遷，於4世紀後半的歐洲以匈人（Hun）之姿出現。
西元220～420年	【三國時代】 支那於西元184年黃巾之亂後，進入了魏、蜀、吳、晉的時代。在這段期間中，總人口劇減了450萬，可以視為初期漢人已然絕滅。	鮮卑系勢力統合南匈奴殘黨而興起。西元316年五胡之亂後，西晉滅亡，晉室東渡。隨著西晉滅亡，華北展開了以鮮卑拓跋系為主的五胡十六國時代。遊牧與農耕文化皆相當繁榮。

<table>
<tr><th>年代</th><th>支那王朝</th><th>歐亞東部的遊牧民族世界</th></tr>
<tr><td>西元439～589年</td><td colspan="2">【南北朝時代】
西元396年，拓跋珪（道武帝）建立北魏（398～534年）。439年，北魏統一支那北部。534年，北魏爆發內亂，分裂為東魏（534～550年）與西魏（534～556年）。550年，東魏的高洋即帝位，改國號為北齊。557年，西魏的宇文覺即帝位，改國後為北周（557～581年）。各鮮卑拓跋系王朝，皆推動漢語的阿爾泰語系化。407年匈奴系的赫連勃勃獨立，413年建立統萬城。418年，赫連勃勃攻陷長安。北亞佛教文化興隆。另一方面，在支那南部，東晉的劉裕（武帝）即帝位，定國號為宋（420～479年），建都建康（南京）。479年，齊王蕭道成即帝位，定國號為齊（479～502年）。502年，蕭衍奪取齊的帝位，改國號為梁（502～557年）。557年，陳霸先（武帝）取代梁的帝位，建國號為陳（557～489年）。支那南部自三國時代的吳以來，歷經了東晉→宋→齊→梁→陳的變遷。</td></tr>
<tr><td>西元581～618年</td><td>西元581年，鮮卑系的楊堅（高祖文帝）奪取北周帝位，建國號為【隋】。鮮卑系王朝統一支那。</td><td>西元552年，突厥帝國（Türk）建立。</td></tr>
<tr><td>西元618～907年</td><td>西元618年，李淵即帝位，建國號為【唐】。鮮卑系王朝對支那的支配日益強化。</td><td>西元583年，突厥帝國分裂為東西兩部，西突厥往西遷移。8世紀中葉，回鶻帝國在蒙古高原興起。840年，黠戛斯人擊破回鶻帝國。</td></tr>
</table>

<table>
<tr><th>年代</th><th>支那王朝</th><th>歐亞東部的遊牧民族世界</th></tr>
<tr><td>西元960～1279年</td><td colspan="2">【契丹、党項、宋】三國鼎立的時代。首先在西元916年，耶律阿保機建立契丹國。960年，後周的趙匡胤即帝位，國號宋。有說法指出趙氏亦出自突厥後裔。1038年，党項人建立大夏國。1115年，女真人建設大金國。1127年，金占領宋都開封，華北成為金的領土。宋逃往江南，定都臨安（杭州），建設偏安王朝。支那處於遼、金、夏三國鼎立狀況，支那人王朝僅有宋而已。</td></tr>
<tr><td>西元1271～1368年</td><td colspan="2">西元1206年，鐵木真稱成吉思汗。蒙古帝國的忽必烈進攻支那，在大都（今北京）建立都城，支配支那。1271年，定國號為元。1279年，元滅南宋，將支那全置於支配下。</td></tr>
<tr><td>西元1368～1644年</td><td>支那人的小王朝，【明】誕生。禁止海上貿易，嚴格實施海禁政策。</td><td>退回草原的蒙古人仍續稱自己為「大元」，與中央歐亞地區展開交流。西蒙古的部分部族，向遙遠的伏爾加河流域遷徙。</td></tr>
<tr><td>西元1616～1912年</td><td colspan="2">滿洲人於西元1636年攻滅支那人的明，建立【清】。之後，滿洲人與蒙古人開始對支那進行支配。1911年，蒙古高原獨立。南蒙古為漢人軍閥所占領。南中國爆發辛亥革命，翌年中華民國誕生。以漢人為支配者的中國出現。</td></tr>
<tr><td>西元1912～1949年</td><td>【中華民國】。1949年，漢人的中華民國政府遷移到台灣，大陸建立起中華人民共和國政權。漢人成為全國支配者。</td><td>蒙古高原的博格達汗（哲布尊丹巴）政權於西元1924年改頭換面，成為蒙古人民共和國。南蒙古的一部分被納入滿洲國，另一部分則建立起德王的蒙疆聯合自治政府。</td></tr>
</table>

年代	支那王朝 歐亞東部的遊牧民族世界
西元1949年～	漢人為支配者的【中華人民共和國】持續一黨獨裁專政。西元1966～1976年間文化大革命爆發，南蒙古發生對蒙古人的大量屠殺（種族清洗）；中共否定西藏與維吾爾的宗教，並同樣進行屠殺。
備註	直至西元1912年為止，支那人＝漢人作為支配者的歷史為漢王朝的405年加上明王朝的276年，合計681年。至於宋，不過是一個地方政權而已。

目錄

序章
讓我們試著翻轉中國史

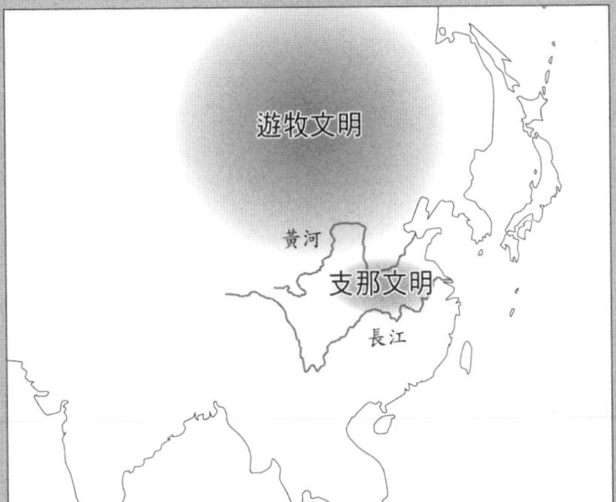

西元前 2000 年

一、想像的「中國四千年史」

◎名為「中國史」與「中華文明」的束縛

出生在蒙古的我，對於所謂的「中國史」，總是有種格格不入的感覺。

有種說法是，在古代廣大的亞洲大陸上，有著與其他地區隔絕，獨自建造起高度文明的「漢民族」（關於「漢民族」的諸多錯誤認識，我在第一章會加以詳述）。因為漢族文明相當豐饒，所以屢屢引得來自北方、擅於打仗的「野蠻」騎馬遊牧民族襲擊。這些騎馬民族雖然一時之間成為漢族的支配者，但在壓倒性的漢文明影響下都會被「漢化／文明化」，漸漸失去自己的認同。於是，儘管各個王朝不斷興衰更迭，偉大的中華文明光輝仍在普遍且不變的情況下，恆久傳承下來——大略來說就是這樣的一個故事。不只是中國人，在日本人當中，有很多人學到的「中國史」大概也都是這樣的吧！

然而，這種「中國四千年的歷史」，說到底不過是中國人天真浪漫的願望與幻想罷了。實際上，那個地區——以下稱為「支那地區」（關於為什麼使用「支那」二字，請參照第二章）的歷史，遠遠比這樣的敘事要來得宏大許多。

追根究柢，雖然在支那中心地區（現在的中國河南省周邊）產生了黃河文明乃是事實，但考古學研究的發展明顯指出，這個古代文明與現在的「中國人」之間的關聯，不管在文化上，或是人種上，都早已斷絕殆盡。（請參照第一章）就跟現代的希臘人，與古代希臘文明之間並沒有關聯是一樣的道理。

更進一步說，從「歐亞史」的觀點來看，被「中國史」定位為蠻族的遊牧民，不只分布範圍東起西伯利亞、西到歐洲世界，文化與人種繁多，更是世界史的主要推手；相對於此，所謂「漢文明」的分布，不過是以華北、華中——亦即所謂的「中原」為中心，相當地方性且侷限的一個文明罷了。就連現在中國經濟最繁榮的南部長江（揚子江）流域，也是到了五世紀的南北朝時代，才終於正式地進行開發。故此，與其說「漢文明」是普遍性的世界文明之一，倒不如把它想成是一個地方文明，才比較接近真實狀況。

不只如此，這種「中國史」還有一個重大問題，那就是它屬於一種「被害者史觀」。

在這個故事裡，「漢民族」常常遭到異民族所侵略。近代以前是北方遊牧民族，近代以後則是跨海而來的西洋列強及日本，這些都被他們描繪為「敵人」。

可是，當我們試著更深入思考，便會發現，國民國家成立之後的近代姑且不論，在那以前，「支那地區乃是某個特定民族的居所」這種主張根本就不成立。擁有各式各樣根源、文化與生活型態的集團進行動態的流動，不斷重複著繁榮與改變的過程，這樣的歐亞大陸史，才是真實的「中國史」。

身為歐亞一員的蒙古人，我的看法是：這種以所謂漢民族為中心、充滿狹隘地域性的「中國史」，不過是混合了他們自己普遍相信的世界觀，以及被害者意識的產物罷了。而且更重要的是，在現今的中國，這種「漢民族中心主義」，有漸漸

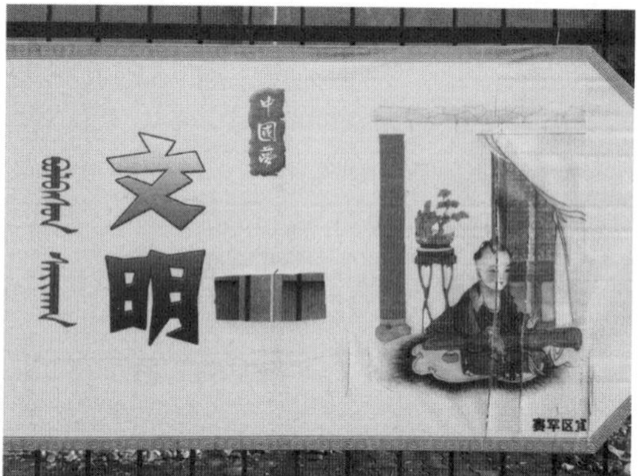

2016年之際，豎立於內蒙古自治區首府呼和浩特市內的看板。中國人習近平高唱的「中國夢」之一，便是強調「文明化」的重要性。在這幅畫中，蒙古人住在漢民族風的住居、撫弄漢民族的琴，被視為是一種理想境界。只是，蒙古人看到這種中國風味的宣傳畫，心裡只有嚴重的嫌惡而已。（圖片提供：Jibkhulang）

變得愈發強烈的趨勢。至於他們不稱「漢民族」而標榜「中華民族」，當然是因為顧慮到蒙古、西藏以及維吾爾等民族問題，所以在政治上改個幌子罷了。他們這種強行吸納他者、推動同化的政策，結果產生了更多新的對立。

現在中國的深刻民族問題與外交糾紛，大多是來自於對其他民族、文化、宗教的不寬容，乃至於漠不關心。而這種問題的背景，正是來自於「視中國／漢民族為天下的中心、世界的中心」，亦即所謂的「中華思想」。

◎異民族統治下的繁榮

事實上，若追溯支那地區的歷史，則會發現它也有進行跨歐亞交易，在國際文化上大放異彩的時候。比方說和日本熱切交流的隋與唐、被認為是世界最大帝國的蒙古帝國（元）與清等，這些繁榮的國度都堪稱為名符其實的「亞洲大帝國」。但是，這些國家全都是非漢民族所建立的征服王朝；說得更清楚一點，就是遊牧民所建立的王朝。（請參照頁〇二一「『支那／中國』與『歐亞東部』國家變遷表」）

比方說，在六世紀末，相隔三百年之久再次統一支那地區的隋，就是北方遊牧民的一支——鮮卑拓跋系[1]。第三章也會提及，在漢人編纂的史書中，他們被傳述改為後漢名臣楊震的子孫，也就是被加以「支那化」。繼隋之後的唐也是鮮卑拓跋系，其首都長安在商業和文化活動上都繁盛一時，不只是東亞，同時也有許多西方人透過所謂「絲路」前來造訪。

唐能夠成為國際大帝國的根本原因之一，就在於它不問民族或宗教，只要有實力便會加以任用的寬容態度。像是擔任遣唐使、渡海前來的阿倍仲麻呂成為唐王朝的官員獲得重用，且與李白、王維等一流文化人友好親近，就是相當好的例子。在八世紀中葉，引發成為唐滅亡遠因的「安史之亂」的安祿山（北方三鎮節度使）與史思明，便都是粟特人（波斯系）與突厥的混血（杉山正明《中國．歷史的長河8：疾馳的草原征服者：遼、西夏、金、元》、森安孝夫《興亡的世界史6：絲路、遊牧民與唐帝國》）。

這種國際性在文化上也造成了很大的影響。根據岡田英弘的研究，唐詩受到阿爾泰語系的強烈影響，透過該語系韻律的導入，產生了相當繁盛的發展（《閱讀年表．中國的歷史》）。不只如此，唐朝著名的詩人白居易（白樂天），也曾經寫過《青氈帳》：「軟暖圍氈毯，槍摐束管弦。最宜霜後地，偏稱雪中天。側置低歌座，平鋪小舞筵。閑多揭簾入，醉便擁袍眠。」的詩句。

元朝與其說是支那王朝，不如把它當成蒙古帝國的一部分去考量，才更接近實際狀況。藏傳佛教、經由中亞波斯等地傳入的伊斯蘭教、基督教聶斯托留派（景教）等宗教，不只在蒙古王朝底下共存，同時也各自廣為傳播、發展繁盛。在文藝方面，被稱為「元曲」的戲曲達到高峰，同時《西遊記》、《水滸傳》、《三國演義》等作品的原型也都已經陸續出現。不只如此，由於元朝幾乎沒有像宋朝那樣的言論管制，所以各種古籍也陸續被刊印出來，成為中國出版文化史上無論質或量都是最燦爛的時期（宮紀子《蒙古時代的出版文化》）。可是，現在中國的讀書人卻都不願承認蒙古時代版本的存在，而硬是把它分類為「宋版」和「明版」。

大清也是由滿洲皇族和蒙古人共同統治支那地區，屬於遊牧民族的王朝。由於他們貫注大量心力在多民族、多宗教政策上，因此「漢民族」王朝所無法企及的蒙古、西藏，乃至中亞之東突厥斯坦（新疆），都被納入版圖中。同時他們在文化事業上，

1 鮮卑拓跋系：西元前三世紀至西元後六世紀間，存在於支那北部的騎馬遊牧民族。他們在五胡十六國與南北朝時代南下，並在支那建立了北魏等王朝。

也以編纂《康熙字典》、《古今圖書集成》、《四庫全書》等傑出成果而廣為人知。

從這些地方看來，不受漢民族中心主義控制、而是由異民族的國際主義所統治時，才是所謂「中國」最繁榮的時代，這是顯而易見的事實。

◎伸縮自如的自我中心史觀

讓我們把話題再帶回「中華思想」上。這種對「漢民族」而言既是立足基礎，同時也是枷鎖的思想，究竟是怎樣形成的呢？

依我的看法，在古代支那城市國家中形成的所謂「原・中華思想」，和後來因為與遊牧民族及近代西洋之間的緊張關係而成形、且極度扭曲的「充滿矛盾糾葛的中華思想」，兩者之間其實是有很大差異的。

首先，在古代的支那地區，也就是俗稱中原的華北高原地區，出現了以農耕為基礎、四周環繞高聳城牆，用以阻擋外敵侵入的城市國家。在這種意象中，城牆的內側，是所謂的「天下＝世界」，外側則廣布著非文明、非文化的荒野。這就是所謂的「原・中華思想」。

這裡有一點非常重要，那就是對這些城市國家來說，其實並不存在「國境」這樣一個概念。

比方說，像日本這種山川高低起伏的地區，山、河，乃至於海，就構成了自然的國境。因此，日本人在心裡，自然會有一種「以這條河、這座山為界，在我們居住的村子對面，還有另一個村子存在」，基於地理環境而產生的認同。

但是，在古代中國，這種自然國境的概念卻相當匱乏。就像「普天之下（整個世界），莫非王土（都是中國的領土）」這句話所表現的一樣，當城市國家的人口與財富增加，出現擁有強大權力與軍事力量的領導者時，便會開始進行「開疆拓土」，將領域漸漸往城牆的外側擴張。相反地，假如王的權力衰弱，那支配範圍便會有所限定，甚至是縮小到城牆的規模為止。換言之，他們的國境完完全全是人為的產物。

這樣的思考方式，一直延續到現代的中國人心中。比方說存在於世界各地的「中國城」，就是城牆城市國家的現代版。

另一方面，中國現在雖然非常積極投資非洲的基礎建設，但卻不願意雇用非洲當地的居民，而是將國內低所得階層的國民大量派遣到外國，在那裡工作。在國外，他們也是到處進行人為圈地，再以集團的方式殖民，從而把它變成自己的土地，換言之同樣是一種素樸的城牆城市發想。

對這些支那人、或者中國人來說，國境乃是隨著國力高低可以自由變更的事物。儘管他們對於北方民族的侵略有著明顯意識，但是對自己向蒙古平原與新疆（東突厥斯坦）進行的侵入，卻毫無任何「侵略」意識可言。近年來鬧得沸沸揚揚的南中國海問題也是一樣，如果「到九段線（中國為了主張自己領有南海，而擅自設定的九條界線）為止都是中國領海」這種主張說得通的話，那接下來他們鐵定會得寸進尺，更進一步擴張成「到麻六甲海峽為止都屬於中國領海」的說法；畢竟中華大一統思想的依據，就是「普天之下，莫非王土」啊！

長城最西端嘉峪關的關口。住在被高聳城壁圍繞的家宅裡，才能讓中國人感到安心。從這裡往北、往西，已經不屬於支那；換言之，這是中國人自己畫上政治界線的場所。

二、文明史觀與遊牧史觀

◎來自文明史觀的思考

話說，「自己乃是世界的中心」這種自我文化中心主義，從某種意義上來說，是世界各人類集團中都可見到的普遍思考模式。然而，「中華思想」造成的問題之所以棘手，主要原因是在於它在與其他異民族的接觸中，產生了極大的扭曲。說得更精確一點，隨著和遊牧民族之間戰鬥的屢屢敗北，它變成了一種否認現實、認為「我們雖然敗了，但是比起野蠻的敵人，我們在文明上還是更勝一籌」的精神勝利法。從這種思想再更進一步往外推，就成了「既然我們是文明優秀的民族，那就不該輸給野蠻人才對；現實一定出了什麼錯！」的虛構觀念。到了近代以後，他們又把這種「敵人」換成了西洋列強與日本。

我認為，要理解中國與周邊民族的關係，近代以前參考梅棹忠夫《文明的生態史觀》、近代以後則參考川勝平太《文明的海洋史觀》；透過這兩部作品所建立的理論框架，對這種理解將會有所助益。這兩個理論，原本都是用來對「為何只有日本和歐洲成功達成近代化」這個問題提出挑戰，不過我在此打算反過來，用它們來試著客觀理解中國。之所以如此，是因為這兩個文明史觀和遊牧民的見解、以及從遊牧民族出發的史觀頗有貼近之處。

首先讓我們來看看梅棹的理論。

根據梅棹的理論，新大陸以外的世界，可以明確分為「第一地區」和「第二地區」；第一地區包括了日本及西歐，第二地區則包含了歐亞與北非。在這當中，古代曾經形成帝國、文明發達的都是第二地區，至於第一地區，則只是「完全不構成問題」的邊境罷了。不只如此，希臘羅馬的地中海文明和西歐文明相比，也是「幾近完全不同的東西」。

所謂第二地區，在氣候上於中央有著廣大的乾燥地帶，古代文明就是從這乾燥地帶或是周圍的大草原發展起來的。問題是之後的事情：梅棹認為「乾燥地帶是惡魔的巢穴」，從這個中央地區，誕生了以遊牧民為主流的破壞暴力集團，對第二地區恣意凌暴，結果便是「建設與破壞的過程不斷重複上演」，從而導致近代化這種「嶄新的革命性展開」無法臻致成熟。

相對於此，第一地區則是「受到上天垂青的地區」。除了中緯度溫帶、適度的雨量、肥沃的土地生產力外，梅棹更特別強調它的「邊陲性質」，也就是「來自中亞的草原暴力」幾乎到達不了這些地區。

梅棹史觀的最大特徵，就是把自然界的「succession」（遷移）這個概念，帶入人類的歷史當中。「遷移」，指的是由植物動物等所構成的生態系在相互作用下，隨著時間的推移與狀況的變化，轉變成最適合的生活樣式。按照這種看法，第一地區（日本、歐洲），乃是將古代原本是環境最適宜的第二地區（支那與印度等）取而代之，成為更優越的生活領域。梅棹理論在這之後出現了形形色色的發展，不過我在這裡想試著談論他用「來自中亞的草原暴力」、「來自乾燥地區的暴力」加以形容的遊牧民族與中國之間的關係。

事實上，我曾經在梅棹教授生前這樣直接問過他：

我出身於蒙古，梅棹教授您明明對遊牧民族的文化、生活方式進行親身考察，並且給予很高的評價，但為何卻又稱呼他們為「惡魔的巢穴」或是「驚人的騷亂製造者」呢？

當時，梅棹教授操著京都腔，這樣回答道：「不對，那是一種驅力唷！」這真是一個絕妙的答案。那麼，遊牧民族的「驅力」又是什麼呢？

◎歷史的驅動力——遊牧

關於這點，首先我們會具體浮現在腦海中的，應該就是「軍事力量」了吧！雖然戴著中華思想的有色眼鏡來看的話，難免會有「遊牧民族的軍事力量＝野蠻、粗魯、暴力」的既定印象，但實際的情況卻遠遠不止於此。所謂「軍事力量」，是當時科學技術與社會體系、作為群體的凝聚力、資訊蒐集能力等各式各樣要素的總和。好比說，美軍毋庸置疑乃是當今世界上最強軍隊，應該沒人會說他們的強悍是一種「野蠻的力量」吧！

在支撐遊牧民族「強悍」的技術中，最重要的當然就是「畜力」了。簡單說，就算是畜牧，也絕不是「放牛吃草」，讓牠們自生自滅這麼簡單。對馬、牛、駱駝等大型動物的馴育、養成、管理等技術，本身就是一種高度的文明。遊牧生活中最重要的，就是找尋適合遊牧的草原，以及和其他集團的調和與遷徙。馬、牛、駱駝等，正形成了一種在廣大地區中進行遷徙的驅動力。

另一方面，青銅或鐵製的武器，若是使用畜力，也較為容易運輸。眾所周知，即使對馬車的運用，也是西亞先於支那地區，然後才漸漸地往東傳播開來。

更重要的是「資訊力」。相較於農耕，遊牧更受氣象等環境的變化直接影響。為此，關於土地狀況等資訊的精確程度，乃是攸關生死的大問題。和定居在一定區域的農耕民族比較起來，遊牧民在廣大的地區中遷徙，不斷地進行見聞和調查，因此掌握了最全球化的資訊。就這層意義上，遊牧民會傾向於輕侮「眼界狹窄」的農耕民，也是在所難免的事實。這種資訊力也被活用在通商上。運輸能力優越、往來於各個地區間、對各地產品與市場需求瞭若指掌的遊牧民，同時也是優秀的商業民。

即使在社會構造上，農耕民和遊牧民族

需要高度管理、放牧技術的遊牧民，這是他們追趕著綿羊群的景象。他們一邊發出獨特的吆喝聲、一邊毫不鬆懈地觀察牧草地的狀況。「對待活的動物，就跟農民耕耘作物一樣，是相當辛苦的工作」，遊牧民都有這樣的認知。

也有著很大的差異。農耕民在同一個區域內，基本上會持續種植同樣的作物，在文化和人種上的同質性較高；相對於此，遊牧民則是輾轉遷徙於廣大的草原間，靠著遊牧艱苦維生，因此不可能有各個民族固定的領域存在。對遊牧民來說，離合聚散乃是常事，即使是背景相異的集團，也有交換資訊乃至共存的必要；遊牧民族的寬容性，便是與此密切相關。

遊牧民也深諳一個道理，那就是一旦出現某個有力集團時，全體遊牧民都有可能投奔麾下、成為其成員。在波斯史家、蒙古帝國時期的宰相拉施施德丁（Rashid-al-Din Hamadani）所編纂的史書《史集》當中就有描述到，「草原上的人們，總是喜歡虛張聲勢」。當蒙古在歐亞地區成為強大的帝國之際，那些地區的遊牧民便全都自稱為「蒙古」。同樣地，若是突厥（公認使用突厥／Türk語系溝通的突厥、回鶻等各個集團之總稱）強大，則各集團也都會自稱為「突厥」。正因為如此，所以在波斯人眼中，才會覺得他們老是順著風向虛張聲勢吧！然而，對遊牧民來說，這並不是什麼特別的事。這個時候，若是出現一個在統治體系、生活樣式，乃至道德觀念上合乎自己喜好的集團，則會無關血統或出身地區，投奔其中成為一員，這就是遊牧民的生存之道；而在此同時，作為接納的一方，也會以極為開放的態度來應對這樣的投靠。因此，在蒙古人集團中，會有突厥人、西藏人、甚至是支那人、波斯人、歐洲人還有日本人加入，這完全不是什麼不可思議的事。

軍事力量、資訊力，再加上具高度流動性與開放性的組織原理，這就是遊牧民的「驅力」，也就是他們能對農耕民造成破壞性威脅的最主要原因。

◎想像的「中華文明」

不過，儘管至此為止我們一直抱持著批判的態度，但支那地區的農耕民自古以來便具有高度的文明，這也是不爭的事實。他們發明了稱為「漢字」的表意文字，使得原本說著不同語言、彼此相異的城市國家間能夠進行溝通。同時，他們也產生了以儒教為首的各種思想；以農業生產為基礎，也留下了許多青銅器等先進的文物。秦始皇促成了支那地區的統一，而後在漢武帝時代，勢力更一口氣擴大到從蒙古高原南部至越南的廣大地區。

儘管以擁有如此高度的文明而自負，但是他們在騎馬遊牧民族面前，還是屢屢嘗到敗北的苦果。最典型的例子就是一〇〇五年，北宋與契丹人的王朝——遼，締結了所謂的「澶淵之盟」。遭到契丹攻入華北的宋，以每年支付絹二十萬匹、銀十萬兩給遼的條件，與之締結了和約；然而，這對拘泥於王朝正統性的支那人而言，是極為屈辱之事。結果，他們徹底強調起自己王朝的正統性，把遼、西夏、金等北方民族王朝全貶為「夷狄」，展現出一派「充滿敗者心理糾葛的中華思想」。

這種表現形式首先呈現在文字上。東夷、西戎、北狄、南蠻等詞彙雖然自古已有之，但在指涉遊牧民的漢字上，他們則是更不厭其煩地為它加上犬字邊。他們在地名上也是一樣，大量使用了呈現中華思想的表達方式。比方說「定南」，就如同字面上的意義一般，指的是「平定南方」，也就是征服的意思。除此之外也有「定東」、「鎮西」（鎮壓西方）、「平東」（平定東方）、「綏遠」（綏服遠人）等地名。令人感興趣的是，這些地名其實與真實狀況都不相符。在當時，他們只是給尚未支配的地區任意添加名稱，換言之即是言語先行的所謂「虛擬統治」而已。

當然，即使占了這種嘴砲便宜，異民族在軍事上的威脅還是不變的現實。只是，支那人沉浸在自己的優越感當中，最終相信自己的謊話就是現實，認為這樣就已足夠。這就是支那人的政治統治心理。

就這樣，他們避開不看現實，只是單方面表達對自己有利的願望，還以此確認自己的優越地位；這樣的心性態度，正是依然聯繫到今日的「中華文明」痼疾之所在。

這種心態也呈現在他們面對歷史的態度上。簡單說，他們不敢面對現實，淨講一些對自己有利的東西。因此，他們明明知道這些都是異民族的征服王朝，卻還是臉不紅氣不喘地撒謊，說出「偉大漢民族的隋唐時代，乃是最光輝燦爛的王朝」，或是「元朝乃是中國保有最強大疆域的時代」之類的話。不只這樣，他們還說「西藏和蒙古都是大清的一部分，因此自然是我們的領土」，利用這種邏輯來肯定現今的侵略性支配與壓榨。

◎與孔子教誨背道而馳

在思想面上，中國把自己聽了滿意的願望與現實混同、並大加利用的典範，就是儒教。比方說日本人也相當愛讀的《論語》，孔子的言教確實充滿了高尚的倫理、強烈的責任意識等許多值得敬重和學習的東西。結果，質樸的日本人讀了這本書後，長久以來便把中國當成是所有人都在實踐《論語》中所描述的理想世界觀、生活態度高潔的「聖人之國」（栗田直樹《共產中國與日本人》）。

可是，中國的實際狀況卻截然不同。因為漢字的學習難度很高，所以即使在支那地區，能夠自在使用的人也很少；也正因此，對論語的理解，僅限於一部分的讀書人階層而已。而且說到底，孔子所提倡的這套政治思想，在他生前就已經四處碰壁，以至於他不得不四處流浪於各國之間。換句話說，這套思想根本沒有被實踐過，只不過是對理想世界的描繪罷了。

不只如此，中國的現實也總是比儒教的教誨來得苛刻嚴酷。然而，他們卻偏離了眼前的現實，強調「儒教正是最偉大的精神指南，不理解它的人，就跟夷狄沒有兩樣」，並把它當成是中華思想的中軸之一。之後成為國家標準教材的朱子學，乃是形成於自北宋到南宋這個北方民族壓力嚴峻的時期，這並非偶然。

另一方面，就像「百家爭鳴」這個詞彙所形容的一樣，古代支那地區的思想是相當多元的；但是隨著時間遞嬗，這樣的思潮漸漸變成了儒教一元化。「優良」、「有價值」的事物，都變成只有一個正統的標準，從而呈現出排他、強制同化的所謂「中華文明」特質。

這種一元化傾向表現在政治面上，就是帝王保有絕大權力的中央集權體制。相對於日本和歐洲誕生的分權封建制，支那則是視皇帝掌有一元權力的做法為正統。儘管皇帝有可能透過獨裁展現出非常有效率的權力與財力集約，但也屢屢引發失控的狀況，這就是中國的歷史。

順道一提，即使像成吉思汗或是帖木兒之類，一般很容易認為是強力領導者的遊牧民，實際上仍然是採分權制，非常重視會議的集體共識。成吉思汗也好、忽必烈也好，都是由許多部族首長共同選出的代表，因此並非獨裁者。沒有部族首長的承認，他們也無法行使財力和強大的軍事力量。

三、意圖蛻變成海洋文明的中國

◎跟不上海洋近代化腳步的中國

前面所論述的所謂「中華思想」模式，基本上一直到近代乃至於現代，都沒有什麼太大的改變。可是，當時序邁入近代以後，來自海洋、以英國為首的西洋列強，乃至於日本，便取代了北方的遊牧民，成為新的征服者。

新的征服者不從「大陸」、而是從島嶼和海洋構成的「多島海」去探求世界史舞台。川勝平太對此提出了令人相當感興趣的論點——「文明的海洋史觀」。但是海洋文明的先驅，主要還是伊斯蘭支配的環印度洋地區，還有以中國為中心的環中國海地區，至於西歐和日本，則不過是周邊地區罷了。

因此重點在於，自覺到居於下風的歐洲與日本，採取了怎樣的決斷？

為了逃離伊斯蘭商人對印度洋航路的支配，西歐諸國開拓了繞過好望角的非洲航線，更積極踏足美洲大陸。

另一方面的亞洲，支那沿海地區與日本的九州、琉球連在一起，形成了龐大的貿易圈。在這裡，支那的絹布與瓷器等當時的「高科技商品」以及亞洲的香料，成為了主要的輸出品；西歐必須使用從美洲大陸、日本則必須使用從石見銀山等地掘出的金銀來購買這些物品，從而形成了嚴重的赤字貿易結構。

之後，西歐透過工業革命提升生產力與軍事力，也強化了競爭力，從而建構起全球性的「近代世界體系」；另一方面，自江戶時期便採鎖國體制的日本，則是透過勞力投入的增加來提高生產，即所謂的「勤勉革命」，實現了自給體系與生產技術的提升。這樣的苦心經營，正是促成近代化大幅發展的要因。

那麼，這個時期的支那（當時是明朝）又是怎樣應對的呢？他們與「海洋亞洲」貿易圈的興盛背道而馳，實施海禁政策，禁止民間貿易，採取種種嚴格的限制規範。

於是，照理說應該是最大輸出國的明，原本很有機會成為海洋亞洲的盟主；但實際上，他們卻只是汲汲於對倭寇（當中國沿海地區被禁止貿易後，由多民族共同組成、從事走私貿易的武裝商人集團）進行監控而已。

明是由朱元璋這個白蓮教祕密結社成員趁著「紅巾之亂」（一三五一～一三六六年）崛起所建立的國家，也是許久不見的漢民族王朝，但在面臨海洋交易興起這個世界史重大的轉捩點時，仍舊選擇了漢民族所擅長的城牆國家閉關自守政策。

很諷刺的是，女真族的努爾哈赤，正是因為蔑視明的海禁政策，以武裝商團領導者之姿，在滿洲南部販賣毛皮與藥用人參等高價物產，才得以獲取巨大利益。他將透過貿易得到的巨額利益用來強化自己的武裝，不久便成為足以擊垮明王朝的勢力。兼營遊牧與農耕的滿洲族，同時也是優秀的商業民。

就這樣，明在海洋時代揭開序幕之際，原本具有絕佳的優勢地位，但卻決定性地落後了發展的腳步。

◎對「東夷」日本近代化的矛盾心理

接下來，隨著時序邁入近代，「中華文明」最大的試煉也隨之降臨，那就是日本的崛起。日本自古以來原本只是東夷之一，而且除了極少數時期之外，都處在朝貢圈外，是個和中國幾乎沒有任何交集的島國。因此在中國對它變得敵視以前，它在中國的眼中，也不過是個沒必要付出任何關心的小國罷了。然而，這個小小的島國，卻很失禮地成功實現了近代化，還與西洋列強比肩蹂躪「王土」；這簡直就是徹底顛覆了「中華思想」所描繪的世界秩序，堪稱是驚天動地的大事。

在近代化方面，中國只能在日本這個先行者的後面苦苦追趕，這樣的結構直到今天依然沒有改變。由此帶來的自卑感，其根深蒂固的程度，是我們（日本人與蒙古人）所難以想像的。

比方說，中國國家主席習近平在二〇一五年十月訪問英國之際，在英國議會演說的時候，還不忘刻意提及日本的侵略。可是，對於鴉片戰爭的不合理，以及之後締結的不平等條約，他卻連一個字都沒提。之所以如此，大概是因為比起完全是從中國人所認定的「天下」之外冒出來的英國，他們對於原本地位比自己卑微的日本，那種矛盾糾葛更加強烈而鮮明的緣故吧！

在我看來，正是因為太過拘泥於這種矛盾心理，所以中國在與近代面對面時，老是搞不清楚自己該做些什麼。不管從鴉片戰爭之後的大清沒落也好、或是日本崛起也好，全都被敘述成「漢民族領導各個民族，一致團結抵抗，擊退日本帝國主義與西洋列強」的故事，結果就是得出「中國沒有任何不好、更沒有任何過錯，錯的全都是外國」這樣的結論。換言之，就真實意義上來說，他們完全沒有從歷史學到任何教訓。

在這裡可以注意到的是，不管歷史也好、社會理論也好，即便有新解釋或獨特的學說，在中國卻都是一派窒礙難行。這和中國共產黨的嚴密束縛或許也有關係，但本質上更深刻的原因，仍然是「中華思想」的嚴重弊害。簡單說，因為他們徹徹底底只以中國為中心來看世界，根本欠缺一種從整體性出發、用客觀眼光來看世界的發想能力。

也正因如此，縱使將來中國的經濟更加發展、軍事日益強大、存在感比現在更強烈，到頭來也不過是把城牆環繞的範圍拉得更大，而沒有能力改變世界的秩序。從「中華思想」的狹窄視野中，完全產生不出足以緊抓住世界人心、具有魅力的世界體系構想。亞投行（AIIB）[2]和「一帶一路」[3]，乍看之下似乎呈現了中國建立國際體系的雄心壯志，但實際上，不過是把中國國內的邏輯，不分青紅皂白地往外推銷而已。在這個世界上，不管哪裡都找不到足以接受中國價值觀的精神土壤。

說得更清楚一點，我認為這種「中華思想」，正是束縛中國邁向國際、獲得更進一步發展可能性的「枷鎖」。假使中國真的要成為領導二十一世紀的世界大國，那就得努力像過去的唐、元、清一樣國際化，成為不害怕其他民族、其他文化影響的國家；到那時候，才會像杜甫、李白以及白居易的唐詩一樣，讓支那文明的潛能發揮到最大極限。可是，對於權力反而日趨一元化、思想同化壓力也愈發沉重的當今中國，要達成這種期待，恐怕相當困難吧！

如上所述，本書的作法是將歐亞遊牧民的歷史與文明，和中國史與中華思想之間加以相對化。

故此，在這裡，我想向各位總在默背中國歷代王朝名諱，吟詠以漢文寫成、有關將士前往邊地戍守的漢詩，並且從中產生一種錯覺、認為現代中國就是以這些東西為中心，不斷延伸歷史所造就的產物的讀者們，提供一種全新視野、「逆轉的大中國史」。

首先，第一章，我將試著考察「漢民族到底是什麼？」。從這裡會自然而然地導引出，為何以中國為「中心」、歐亞為「邊陲」的這種世界觀，會如此頑強有力的理由。

第二章，我會介紹有關古代人類遷徙北方路徑的最新研究成果，同時從中概觀遊牧民所創造的文明。

第三章，我會探尋橫跨六百數十年、活躍於歐亞東西方的匈奴／匈人的歷史，並將之與支那中心史觀當中的漢王朝宗教思想進行比較。

第四章，我會概論鮮卑拓跋系國家繁榮之際，在歐亞展開的突厥化與伊斯蘭化。

第五章，我會描繪「至少應該與中華同等看待」的契丹與党項（大夏），以及蒙古時代的歷史與文化。

---

2 亞投行（AIIB）：全名：亞洲基礎設施投資銀行（Asian Infrastructure Investment Bank），是一個向亞洲各國家和地區政府提供資金以支持基礎設施建設之區域多邊開發機構，成立宗旨在促進亞洲區域內的互聯互通建設和經濟一體化進程，並且加強中華人民共和國及其他亞洲國家和地區的合作。總部設在中國北京。

3 一帶一路：連結中國西部─中亞─歐洲的「絲路經濟帶／一帶」，與連結中國沿海─東南亞─印度─非洲─中東─歐洲的「二十一世紀海上絲路／一路」的併稱。

第六章，我們會看到滿洲人的大清與支那合併，在歐亞東部以最後帝國之姿登場的大戲，以及它如何變身成「民族」，與現代之間產生聯繫。

自我中心史觀的中國，不只和古代以來的整個世界扞格不入，今後也無法變身成和國際社會攜手共進的體質。關於這點，我則留待終章加以分析。

第一章
「漢民族」是什麼？

西元前 1800 年以前

一、使用「漢字」系統的人們

當我們回溯古今，可以發現一個事實，那就是歷代中國王朝多半都不是漢民族的王朝。那麼，為何在中國和日本等地，「中國是漢人的國家」、「中國史是漢民族的歷史」這種不合實情的史觀，還是被當成一種定論看待呢？要解開這個謎團，首先就必須要從「漢民族到底是什麼？」這個問題著手才行。

◎漢字與漢人

日本是一個國家與民族幾近均質的國度，是故我們常會以它為基準，來考量世界上的「民族」。另一方面，近代歐洲都是一民族建立一國家，所以這種「民族國家」的觀念就更加根深蒂固了。正因如此，我們常會把「漢民族」套用到現在的中國領土範圍中去加以思考。

可是，所謂的「漢民族」，和日本人腦海中的這種「民族」，其實天差地遠。事實上，就連「漢民族」本身，也不把自己定位為一個「民族」。

我出生在中華人民共和國南蒙古（內蒙古）的鄂爾多斯，是個蒙古人。當地雖然是許多蒙古人聚居的地方，不過我從小時候開始，就一直和蒙古人以外的人們有所往來。在那裡，當人家問到「你們是什麼人」的時候，他們都會回答「漢人」，而從來不會用「漢族」或「漢民族」來形容自己。

在這種情況下，所謂「漢人」就跟英國人、法國人或日本人一樣，成為一種和國民國家相互重合的概念。在中國，國家和共同體的概念非常稀薄，也沒有像猶太人那樣的宗教聯繫。既然如此，那他們究竟是憑了什麼而自稱「漢人」？

答案絕對不是中國話。

現在的中國話是一九一九年「五四運動」時，隨著白話文運動（也就是將口說與書寫言語加以統一）的提倡，從標準語（亦即北京話）所脫胎出來，並將之命名為「中國話」的產物。

正在專心收穫辣椒的一對父子。漢人從20世紀初期開始便不斷殖民內蒙古自治區，這些漢人從貧窮的陝西省闖入豐饒的蒙古草原，並且變得富裕起來。

那麼，聯繫這些人的究竟是什麼呢？正確答案是「漢字」的發明。

漢字的起源雖可回溯到三千年前，不過具備一定體系、可以組合使用，則是距今大約兩千年前的事。我相信有很多日本讀者在高中學漢文的時候，應該都是從「不知道中國話、但理解漢字的意思」，然後漸漸透過書寫漢字了解漢文的吧！

漢字和使用拼音字母的其他歐洲系文字不同，它的語音並不直接對應文字；每個文字或每節文字都有自己的意思，是一種表意文字。

這是一種相當適合言語相異的人用以彼此溝通的文字。即使聽不懂彼此說的話，只要憑著漢字擁有的一定法則來盡力表述，就能夠意思相通。

所以，「漢人」，就是使用漢字彼此交流的人們總稱。這種漢字體系是相當堅固的系統；歷史都是由使用這種文字的人所記錄下來，而其史觀也成為一般認定的「真實」。

◎包含各式各樣人種型態的「漢人」

若是更進一步從逆轉的觀點來看，則我們可以發現，所謂「漢人」，其實包含了各式各樣的人種型態及語言。

依照出身南蒙古（內蒙古）鄂爾多斯、身為文化人類學者的筆者個人經驗，從附近陝西省移入的漢人當中，有很多人都和蒙古人一樣下顎突起。還不只這樣，雖然為數不多，不過在陝西省，也偶爾可以見到碧眼、金髮的「漢人」；隔壁的甘肅省，甚至還住著黃色眼眸的「漢人」；頭髮不是直髮而是捲髮的「漢人」也為數不少。

事實上，正如後面第四章會詳述的，鄂爾多斯過去曾有被稱為「六胡州」[1]的組織，也就是六個由「胡人（漢人對北方和西域諸民族的泛稱）集團」所形成的州。這些人不久之後陸續移居到今日的北京等地，但也有人定

移民到鄂爾多斯的陝西省漢人。右邊的男人下顎突起，和蒙古人具有同樣的身體特徵。每次我跟他們開玩笑的時候，總會說「我的祖先是匈奴人」。

1 西元六七九年，唐於靈州、夏州之南，將歸順的突厥難民、粟特人等安置於此，並設置新的六個州，由唐的官員進行管理。

居下來，和當地民眾進行混血。因此，在陝西、甘肅等地，出現碧眼、金髮、黃色眼眸等中亞風貌的漢人，也不是什麼值得大驚小怪的事。

之後我前往北京就讀大學，接觸到更多來自不同地方的「漢人」。比方說，在廣東人當中，臉龐與肌膚黝黑的人相當多，個子也較小；這些人看起來，更接近於越南人、泰人，或是馬來人給人的印象。若是說起接近上海的福建省，那邊的人也是個子較矮、身材嬌小，有時候還會赤腳踏進城市的大學教室裡。他們自稱「山地人」，從小就不穿鞋子；即使在大學運動會裡，「山地人」也是赤腳奔跑，而且速度還壓倒性的快。

這些廣東人和福建人，也都是「漢人」；然而他們的共通點，也就只有使用「漢字」這個語言系統而已。

◎壯侗語系言語的殘渣

接下來，讓我們從語言學的角度，來做更詳細的觀察。我們一般習慣以長江為界，來區分所謂「北方人」與「南方人」。雖然有點粗糙，不過漢人自己也常常使用「北方系漢人」與「南方系漢人」這樣的分類。

當然，我們蒙古人毫無疑問是屬於北方系；對於「南方人」，用我們北方人的話語唸起來是「nanfangren」，可是南方人自己的發音，則是「ranfangren」。簡單說，他們發不出「n」的發音，於是把「n」發成了「l」或「r」，所以才會出現這樣的念法。今天的中國是以北京話為標準語，也就是以滿洲、通古斯系的北方民族發音為準。因此，南方人在學習日語的時候，也總會把「na、ni、nu、ne、no」，發成「ra、ri、ru、re、ro」。

記得我在上日語課時，當我們的日語老師問這些南方人「這是什麼」的時候，他們的回應總會變成「是ran（蘭）嗎？」這時候，我總會開這些南方人的玩笑說：「不是蘭啦！」

這段插曲意味著什麼呢？簡單說，就像橋本萬太郎所指出的，南方人之所以和北方人不同，無法區別出「n」、「l」、「r」的發音，是因為中國話（漢語）逐漸阿爾泰語化的緣故（橋本萬太郎〈漢字文化圈的形成〉）。關於阿爾泰語化，在〈序章〉已經稍微提及；事實上，日語、朝鮮語、蒙古語、突厥語（türk語）、甚至是滿洲語等通古斯系的語言，全都是阿爾泰系語言。這種語言的語首，很少以「r」來開頭。日語中「ra、ri、ru、re、ro」開頭的字彙其實也非常少；事實上，「ra、ri、 ru、re、ro」的「r」成為日本人的發音，一直要到明治時代以降。故此，「Russia」在日語中的發音，會加上一個音，變成「Oroshia」（俄羅斯）。直到江戶時代為止的和語，很難發出「r」這個音，因此才在前面插入一個「母韻O」，變成「Oroshia」。順道一提，今天的蒙古人仍然保持著「Oroshia」的發音。

根據橋本萬太郎等語言學者的說法，原本在語首加上「r」或「l」之類子音，乃是壯侗語系的特徵。壯侗語系和玻里尼西亞語系的字彙中，語首以「r」、「l」開頭的情況很多。可是，現在的中國話當中，以子音開頭的情況相當少。因此，即使打開中國語辭典，「r」的項目也只有寥寥數頁而已。

儘管中國話已經阿爾泰語化，但是若問起南方人的「nanfanren」為什麼聽起來像「ranfanren」，那是因為他們還保留了些許壯侗語系的發音特徵。正因如此，他們才不太能區別「n」、「l」、「r」。相對地，靠近我們蒙古人的北方人，則已經完全阿爾泰語化，因此能夠輕易區別「n」、「l」、「r」。這種語言上的差異，即使同為漢人，也一樣有「北方」與「南方」之別。

換句話說，「漢字」體系其實就如上述，是包含了各式各樣人群的堅固系統。正如後面會提到的，歐亞地區建立的許多國家為了表達自己的言語，會強硬地屏棄漢字；比方說像突厥碑文，它們使用的是「盧恩文字」[2]，就是一個很好的例子。在這裡，突厥是因為討厭用「漢字」作為言語表記體系，認為這樣會被支那吞併、同化，所以才做出這種選擇的。

◎遭到整批取代的「漢人」

假如擁有「共通的言語」、「共通的地區」、「共通的經濟生活」、「共通的文化」、「共通的心理」，且聚居於同一地區，是「民族」的必要條件，那麼「漢民族」並不存在。事實上我們只要仔細看看歷史上被當成「漢民族」的王朝，就可以發現，它們幾乎都是僅僅繼承「漢字」體系，至於人種，則完全是一批批不同的人，不斷展開取而代之的過程。

漢語是如何阿爾泰化的，正好就是一個最佳的例子。

根據橋本萬太郎與岡田英弘的說法，漢語之所以會產生阿爾泰系語言化的現象，是

2 日耳曼人用來表述日耳曼諸語的表音文字，大約在二世紀末創立。

因為一八四年的「黃巾之亂」後，古漢人（原本的支那人）已經幾乎滅絕之故。換句話說，在黃巾之亂前，古漢人建立了漢王朝，並且整個中國大陸都是使用漢語彼此溝通。

但是，隨著黃巾之亂的結果，支那進入了群雄割據的三國（魏、蜀、吳）時代。邁入三國時代後，這三個國家合起來的漢人，只剩五百萬人不到。在這之後，支那好不容易從黃巾之亂中回復，卻又邁入了「五胡十六國時代」；這個時期，屬於北方民族的五支胡族，紛紛進入支那地區。這五種胡族（匈奴、鮮卑、羯、氐、羌），多半是操阿爾泰民族語言的人們。在這當中，匈奴語近似於突厥、蒙古語的遠祖，當然也是阿爾泰語系之一。當這些民族進入支那、產生了「五胡十六國」這為數眾多的國家時，居於少數、只有五百萬人不到的漢人，便受到這些說阿爾泰系語言的人所支配、同化，從而使得漢語阿爾泰語系化。結果，可以區分語首「n」、「l」、「r」的人日益增加；反過來說，壯侗語系的殘渣，就只有在今日南方的漢語當中，還可以勉勉強強得見了。

關於這點，還有其他的證據。好比說，讓我們試著看看中國「河」的名稱。「河」這個字，在中國的發音是「he」，而這原本是阿爾泰系的語彙。因此，中國北邊的「河川」，幾乎全都被冠上了「河」這個字，好比說「黃河」（橋本萬太郎前引文、岡田英弘〈東亞大陸的民族〉）。

但是一旦過了長江，南部的全部河川就全變成了「江」。江的發音是「jiang」，語首的「j」是子音，正如同壯侗語系的語彙，在語首有著複數的子音。「jiang」是壯侗系的語彙，因此從地名上來看，也可以看出長江以南受到壯侗系語言影響的殘跡。

透過這樣的分析，我們可以得知，所謂「漢民族」，其實根本不能說是從古早以來就一直存續於同一地區的所謂「民族」。在黃巾之亂後，漢人只剩下五百萬人不到，因此岡田英弘說「漢人事實上已經絕滅」，並非無的放矢。

二、東亞大陸的人群遷徙

◎建立黃河文明的人被逐往南方

接下來，讓我們試著把時間的指針轉回到中國大陸最初的王朝。關於這方面，我們的記憶大概都是「夏、商（殷）、周」這樣依序遞嬗，不過隨著現代語言學者和考古學者的研究，我們對於這段演變的來龍去脈，大致可以得到以下的了解：

在中國大陸，最初類似「國家」的機制是形成於黃河文明的發祥地，也就是俗稱「中原」的黃河中游地區。居住在中原的，一般認為是屬於壯侗語系的夏人。然後在西元前十三世紀左右，來自現在滿洲等東北地區的狩獵民族——殷人，進入了這個地區；再接下來，則是遊牧民周人從西邊闖入。這就是被稱為「夏、殷、周」，在中原陸續建立的王朝。

至於漢字體系的建立，據推定則是在三千年前，由甲骨文演變而來。當周王朝隨後陷入混亂期時，原本在各封地開始使用的漢字原則也隨之紊亂。雖然是我個人的經驗，不過我在北京的大學研討會裡，曾經聽過一位清朝最後一屆科舉考試合格的進士，講述有關周的青銅器銘文。

根據這位老進士所言，周朝的漢字並沒有統合性，所以在秦朝才需要重新統一文字。這位老進士對「四書」、「五經」的熟稔固不待言，就連歷代詩文也都能夠默背。在研討會上，他連翻閱一次紙本都沒有，完全靠著記憶講述。以今日的術語來說，老進士的腦袋，就是一部活動的漢文資料庫——雖然他本人完全沒有任何論文或著述，而且他自己也說，除了記憶中的漢文古代典籍之外，他覺得其他東西都不值一讀。另一方面，對於一九一八年以降出現、書寫和口語一致的中國話文學（白話文），他則是抱持著強烈的嫌惡感，認為「那根本不算文章」。

言歸正傳，在這裡我們必須要注意的是，雖然我寫了「壯侗語系的夏人」，但這並不代表人們是從現在的泰國地區移居到黃河流域。相反地，原本住在黃河流域的人們，被從今日滿洲移居過來的狩獵民、以及從西邊入侵的遊牧民所逼迫，不得不逐漸往南移動，結果就形成了現今東南亞居民的祖先，這才是正確的說法。

現在東亞大陸基本的架構，可以區分為以下的情況：在中國這個國家北方的蒙古高原與滿洲（東北），還有東突厥斯坦（新疆），基本上都是操阿爾泰系語言的人民。這些人包括了蒙古人與滿洲人，還有突厥系的人們。如果用以中原為中心的「漢人」的漢字來稱呼，那他們可稱為「北狄」。在西邊有「西戎」，不過都是操漢藏語系的人們。南邊有「南蠻」，是屬於泰或馬來系的人們。至於遙遠的東方，則有「東夷」日本。中國人的世界觀直至今日，基本上沒有太大的改變。

在這裡也可以看到做為表意文字的「漢字」之威力。犬字邊的「狄」、野蠻的「蠻」，還有意味著未開化民族的「夷」；這樣的世界觀，也隨著漢字體系而深入人心。

說到過去的「東夷」，那是位在今日的山東省，「西戎」指的是甘肅省附近；至於「北狄」，是在萬里長城以北、山西省一帶的地方；到了長江一帶，則已經是所謂的「南蠻之地」了。不過，因為這些地方有很多人移居，於是漸漸「漢人」化，而隨著人口擴大，東夷、南蠻、西戎、北狄，似乎也被趕到了更遠的地方。然而，實際被趕走的只有南蠻，至於北狄和西戎，則幾乎沒有動過。

為什麼只有南蠻被趕走，其原因主要在於支那的歷史，基本上是北方民族不斷入主中原、樹立政權的過程，而往南逃亡也是相當普遍的形式。

唯一的例外，大概只有出身南中國（湖南省）的毛澤東，率領貧弱的紅軍由南方北上陝西省，並從這裡奪取中國的天下吧！毛澤東北伐成功，但是除了他以外，蔣

位於鄂爾多斯西部、寧夏回族自治區東部的明長城。古代支那人相當熱衷於建造人工建築物，用以劃分和其他民族的界線。華夷秩序不單單只是一種思想，也會創造出物理上的邊界。為了建設長城，會採伐建設工地附近的森林，這也是支那人對環境的破壞。

介石也曾經北伐，再加上之前的孫文，這三個人是南方出身。另外就是漢朝的始祖劉邦，也是南方人。除了這四個人以外，支那歷代王朝幾乎沒有出身南方的人物。

據說建立宋朝的趙氏也是南方出身，但學界最近的研究卻對此頗為存疑，因此也有認為他們或許是出身突厥系的說法。

總而言之，支那的歷史經常是北方人入侵、中原人南逃的狀況，結果就是壯侗語系的人被趕得愈來愈往南。也正因如此，漢人雖可說是在中原地區緩慢形成的征服者集團，但漢人與漢民族的概念，其實是相當頻繁地在變動著。一八四年只剩五百萬人不到的原始漢人，和後來進入、操阿爾泰語系語言的人們混血，從而產生了新的漢人。

這種新生的漢人，大致是在五八九年隋統一支那地區之後形成的。創造隋的楊氏是鮮卑系，因此是由鮮卑系（亦即騎馬遊牧民族）統一中國。雖然隋的統治時間很短，不過之後便建立了唐。關於唐，我們會在第四章進行詳述，而唐也是鮮卑系國家。結果，支那雖然獲得統一，但檯面上的支配者、或者說其主要成分幾乎全都是鮮卑系、亦即操阿爾泰系語言的人們。關於蒙古語或突厥語，雖然有很多種說法，不過毫無疑問，它們也都是屬於阿爾泰系。從這當中創造出新生的漢人後，漢語自然更加阿爾泰語化。

◎封閉在陸地上的民族

原本生活在海裡的魚，會因為地殼變動而產生被封閉在陸地上的現象。民族，也會發生類似的情況。

好比說，現在在中國南方（雲南、貴州省），有一個叫做侗族的小小民族。侗族在文化人類學來說，其實是一個相當特殊的民族。簡單說，侗語其實是玻里尼西亞語系；再者，侗族是個狩獵民族，因此「火」和「弓」之類的語彙，對他們來說乃是基本中的基本，而這些語彙的發音，幾乎和夏威夷與南太平洋的玻里尼西亞語彙完全相同。

換句話說，在古早以前，中國大陸的東南地區不只有壯侗語族，同時也有玻里尼西亞語系的人居住著。面對來自北方的侵入，他們大多數往南太平洋與台灣遷徙，不過也有少部分仍留在大陸。一九九〇年代我在大阪國立民族學博物館進修的時候，來

壯族以獨特的建築物「風雨橋」而聞名。中國政府在北京網羅了五十五個少數民族，設立了名為「中華民族園」的博物館，藉此扮演一副多民族國家的面孔；在這當中，侗族文化便是以風雨橋來加以表現。

自貴州省的侗族研究者曾經就這個問題，和日本語言學家展開議論。

在台灣，也有足以說明人類遷徙的旁證。台灣的原住民幾乎都是以玻里尼西亞系語言為母語，而台灣所發掘出的新石器時代遺跡，幾乎都與南太平洋群島的文化彼此相通，這些都是充分的證明。

收藏於中華民國台灣台東市、國立台灣史前文化博物館中的石幣。石幣是南太平洋群島的玻里尼西亞各民族自古以來用於婚姻與交易上，當作社會威信的象徵。他們相信石幣這種原始貨幣中，寄宿有神靈的力量。

國立台灣史前文化博物館中復原史前卑南文化家族的塑像。

在中華民國台灣，也有被稱為「平埔族」的原住民。由於他們幾乎都和大清移居台灣的漢人同化了，所以已經失去了原住民的文化特性，使用的語言也是漢語。不過，當李登輝成為總統、台灣開始民主化後，急於表達自己並非漢人的平埔族，也開始主張自己是原住民。之所以如此，是因為作為原住民，就可以得到權利上的保障，以及經濟上的利益之故。

反過來說，「漢人」其實也是一樣的；要算是漢人、或者不算漢人，全都是自由自在、伸縮自如的概念。

◎今日「漢民族」概念的創造與想像

那麼，在今日，近代以降的歷代中國政府所主張的「漢民族」，又是怎樣的一個概念呢？

中國人在甲午戰爭敗給日本之後的一八九五年起，便開始主張自己是「黃帝」（支那古代傳說中帝王）的子孫。這是一種因為被東夷日本超越感到震撼，並認為「自己怎能輸給野蠻人」，從而急遽產生的民族主義主張。之後又過了好長一段時間，到了二十世紀中葉，這個系譜又加上了另一位傳說中的帝王「炎帝」，從而形成「炎黃子孫＝漢民族」的主張。然而，為何「炎帝」較晚被納入呢？

當我在八〇年代就學時，炎帝在中國的教科書中乃是邪惡的帝王。他與黃帝之間展開對立，失敗之後便逃往南方；換言之，他是少數民族的祖先，與漢人並無直接關係。

可是，為了遵循中國共產黨將南方少數民族也加入「中華民族」、好藉此強調「中華文明多樣性」的意向，「炎帝」便被請進來，成為中華民族、乃至於「漢民族」的祖先之一。

三、馬克思發展階段說的移植

◎用文物硬套假說的歷史捏造

有許多中國人以及日本人到現在都還認為：漢人是從四千年前便已定居在中原，

他們在那裡創造了壯麗的黃河文明與長江文明，從而逐漸向東西南北「一邊驅逐野蠻人、一邊擴大勢力」，並將文明傳播給周邊民族。

可是，正如我們走筆至此所看到的，實際情況並非如此。

儘管隨著北方遊牧民族的移入，在中原逐漸形成一種混合民族，並且使得中華文明開花結果，這樣的說法在某種程度上是事實，但是中原的漢人向四方擴散、廣布中華文明的觀點，則絕非事實。關於這點，在第二章會提及的北京大學考古學者蘇秉琦教授，在他的《中國文明起源新探》（遼寧人民出版社）中，已經明確地指出這件事。

蘇教授生於一九〇九年，逝世於一九九七年，在戰前中華民國接受了自由的教育；即使在戰後中國共產黨支配下遭到嚴酷思想控制的迫害，他對學問的銳利分析仍然不減半分。

他在《中國文明起源新探》的開頭便說，「幾十年來，在我們的歷史教育中有兩個怪圈：一個是根深蒂固的中華大一統觀念，一個是把馬克思提出的社會發展規律看成是歷史本身。」這可說是一針見血之言。

另一方面，說夏、商、周、秦、漢乃是一脈相傳的國家，這也是毫無道理的說法；事實上，這些國家根本不是相互繼承的關係。不管日本人還是中國人，對這些國名都會不假思索地默背如流，但蘇教授卻直言，「這種穿糖葫蘆式的王朝繼承史根本不成立，所以還是免了吧！」

更進一步說，漢人文化持續演進，並將周邊民族加以同化，這樣的說法也是謊言。蘇教授明確指出，漢人絕非單方面在同化周邊民族；事實上，他們也有被周邊各民族同化的一面，簡單說就是相互混合之後，才產生了所謂「中國文明」（中華文明）。

蘇教授接著又批判道：從原始共產制到古代奴隸制、接著進入封建社會，再經過資本主義社會，最終到達共產主義社會，這是所謂馬克思流的發展階段說。馬克思的理論說到底，不過是研究歐洲所得的一種假說，但在中國卻被當成人類普遍的真理來崇拜，這太奇怪了！

在一九五〇年代，中國共產黨打算成立「國家歷史博物館」的時候，以蘇教授為首的北京大學考古學系與歷史學系的教授都被動員起來，從事將馬克思的發展階段論硬套到中國歷代王朝的工作。若是有某種青銅器出土，因為這是奴隸社會時代的東西，所以應該是周的古物；又或者有另一項古物出土，因為這是封建社會時代的東西，所以應該是漢的古物……諸如此類。他在書中清楚寫出這種對過去的歷史操作，令人苦惱的事實。

接著他又主張，因為中原有各種民族踏足其中，所以說穿了，它絕不只是「漢人的搖籃」；而中國文明（中華文明）在中原繁盛，進而透過漢人向周邊擴散、傳播，這樣的說法也絕不正確。

之所以這樣說，是因為黃河文明根本沒有被繼承下來！黃河文明最典型的象徵是仰韶文化（存在於中國黃河中游全境的新石器時代文化），它是存在於陝西省到山西省一帶，距今八千到六千年前的文化。然而，在經過兩千年發展後，它在六千年前的階段卻突然消失無蹤，也沒有被繼承下來。雖然有看法認為它既然是存在於陝西到山西一帶，那應該是逐漸被周所繼承下來，但是並沒有明確的證據可言。正如前述，周乃是來自西方，但因為仰韶文化也是位於中國的西方，所以就推測它或許與周有關係，這是完全沒有確切證據的說法。正因如此，仰韶文化到底被誰繼承下來，我們根本無從得知。也正因如此，他們絕對稱不上是漢人的祖先——這是蘇教授的看法。

接著，蘇教授又做出了這樣的批判：美索不達米亞文明與埃及文明都有正確可循的「五千年」編年；可是，中華文明並沒有辦法這樣編年。「五千年」的中華文明？頂多四千年就已經很勉強了吧！

那麼，說到底，所謂「中華文明五千年」，它的證據到底在哪裡呢？蘇教授回答道：「那既不是黃河文明、也不是長江文明，而是紅山文明。」

所謂紅山（Ulankhada）文化，乃是依日本考古學者濱田耕作和水野清一，在戰前於內蒙古地區的紅山後所發現的遺跡命名而來。

之後，中國於一九七〇年代以降逐步對此地進行發掘，從而確定紅山遺跡乃是自六千年前的新石器時代，一路延續到青銅器時代的遺跡。雖是新石器，不過途中也有青銅器出土；這些青銅器在中國正好屬於殷周時期，所以可推測它的青銅器時代，是與殷周文明彼此相連的。

但是，令中國共產黨與中國那些愛國的狹隘民族主義者大感頭痛的是，紅山文化是位在萬里長城北側、南蒙古的東部草原上，因此它並不屬於傳統的黃河文明或中華文明。

位於內蒙古自治區烏蘭哈達市（赤峰）的紅山遺跡。前面的背影是國立民族學博物館的名譽教授、同時也是我的恩師——松原正毅先生。松原先生在京都大學提出了有關長江流域石器分類的研究論文。

不過，蘇教授認為，一般把黃河文明和中國等同看待，乃是不合理的看法；中華文明如果無論如何都要主張自己有五千年的話，那就非把草原地帶的紅山文化也納進去不可。

當然，因為紅山文化位於草原地帶，所以也有可能是透過北方草原，與歐亞地帶文明一體化之下的產物。因此，若把中華文明當成歐亞文明的一部分來討論，那自然有可能長達五千年，但若非如此，則頂多只有四千年而已。

◎貧困的黃河文明帶來的專制主義

不過在此同時，蘇教授並沒有寫到為何會有這麼多人和民族踏足中原。關於這點，一般的看法是：因為中原乃是豐饒的大地，所以在那裡才會聚集人群、形成繁榮的文化文明；但是橋本萬太郎與岡田英弘卻指出，中原的生產性其實很低。他們兩位的說法並沒有錯。黃河的泛濫頻率大約兩年一次，因此所謂的「黃河文明」不過是治水文化而已；若以現代術語來說的話，它就只是一個整建基礎設施的文化罷了。國家和歷代王朝為了抑制黃河泛濫，投入龐大的整建經費、動員人民，從而建立起一個堪稱是靠治水工程吃飯的統治體系，這就是反覆不斷上演的歷史。因此，學者魏特夫（Karl August Wittfogel）就曾指出，中國乃是一個「水利的專制國家」（魏特夫《東方專制主義》）。水力專制國家無法蛻變成近代化國家，即使發動革命，結果也只是建立一個新的專制主義體制；現代的中國，仍然處在水力專制國家的延長線上。

雖說是黃河文明，不過主要的發展地點還是黃土高原；那裡的雨量並不多，農業收穫也不豐饒，因此，黃河文明並沒有辦法累積太多的財富。文明若無法累積財富，就不可能產生豐饒的碩果。所以，在我看來，黃河文明不過是個財富貧乏，只知一味動員人民修築治水工程、整建基礎設施的文明罷了。

既然如此，它的支配體制必然會演變成專制主義。畢竟要強迫大量人民進行勞動，不用專制主義統治是不可能的。從黃河文明誕生出來的產物，就是這種專制主義體制，而中國史上延續至

為了抑制黃河泛濫而建造的獨角鎮河獸，位於流經寧夏回族自治區的黃河畔。

今的專制主義，也正是黃河文明特徵的體現。假使有辦法累積財富到某種程度，那必然會出現技術革命與思想革命，但這些在中國都未曾實現。

或許有人會說，埃及文明不也是因為尼羅河的泛濫而繁榮，並且因為泛濫使得土地肥沃起來的嗎？然而，埃及沿著尼羅河畔，是擁有廣大耕地的。而且，也有說法認為金字塔乃是一種基礎設施整建工程的產物，因此當時的人民是否生活富裕，這還是個疑問。

中國的情況，要越過長江以南才會豐饒。之所以如此，是因為到長江為止的地區，都處在季風的影響下。季風帶來梅雨，因此有可能進行稻作，從而得以成立農耕社會，並累積財富。若是如此，那周邊民族進入之後，感興趣的場所就不是中原，而是更往南的地方。因此，操阿爾泰語系的諸民族也好、操漢藏語系的諸民族也好，他們劍指中原的理由，並不是要在中原定居，而是要通過中原，更進一步南下。簡單說，中原不過是個徹頭徹尾的中繼點罷了。儘管如此，在進入中原之後，還是有人定居下來。當定居到了一定數量之後，這些人便慢慢形成一個集團。

◎逆轉的史觀

當我在高中時代，讀到《敕勒歌》這首漢詩時，不由得大為驚訝：

敕勒川　陰山下
天似穹廬　籠蓋四野
天蒼蒼　野茫茫
風吹草低見牛羊

雖然是用漢語寫成，不過這首四行詩怎麼看，感覺起來都是我們蒙古人的詩。天空蔚藍無垠、平原一望無際、每當風吹過之際，草兒便迎風低頭，露出草叢中的牛羊……這完全是我老家——南蒙古鄂爾多斯高原的風景啊！

事實上，所謂「敕勒」正是「突厥」（Türk），也就是從蒙古高原遷徙到今日山西省一帶的土耳其（突厥）系北方遊牧民；當時的漢語，將「Türk」念成「敕勒」。《敕勒歌》是五胡十六國時代，北齊與西魏爆發戰爭之際，北齊的神武帝（高歡）命令敕勒部的武將斛律金站出來，鼓舞士眾之際演唱的歌曲。

據記載，斛律金字阿六敦，「阿六敦」就是Altun，意思是「黃金」。突厥與蒙古等遊牧民經常將其內部的支配者集團稱為「黃金氏族」。突厥的阿六敦也好、後來滿洲人的愛新覺羅也好，都是「黃金氏族」。北齊與西魏爭霸的時候，用突厥語演唱的這首歌，以漢語抄寫下來，就是上面的《敕勒歌》。

關於這首《敕勒歌》，小川環樹（京都大學教授）提出了一個相當優異的論證。據他所言，《敕勒歌》各句的音節是三、三押韻，然後四、四再和韻。雖然譯成是七句，但原文應該是四行詩才對。小川教授又在《土耳其語辭典》（一〇七三年編纂）中，發現了一首與《敕勒歌》同樣音節的詩：（小川環樹〈敕勒歌——其原語及文學的意義〉）

克孜勒河（紅色）的黃色（花朵）　陸陸續續綻開呀
菫菜的綠芽　抬起頭來
高高地　纏繞糾結呀（相互摻雜呀）
人們看了　都驚嘆不已

就像這樣，我們若無其事朗誦的漢詩，其實在這個時代已經是阿爾泰系遊牧民在民謠當中經常使用的形式，典型的範例就是這首《敕勒歌》。

基於各種不同文法體系說話的人們，比方說講廣東話、上海話、北京話的人，大家都有自己的一套文法。即使口語互不相通，只要看了漢字，就能夠彼此溝通。故此，漢文可說是一種各民族共通的意思傳達工具。透過漢字的導入，朝鮮半島、越南以及日本，都成為漢字文化圈的一員，但對他們來說，漢字只不過是徹徹底底用來表意的工具或標記罷了。

因此，現在的日本人、越南人和朝鮮人在使用漢字的時候，和古代中國大陸其實是幾乎相同的。簡單說，它只是表意的工具，而大家所說的都不是漢語；在口頭上講的，反而是各式各樣的外國語。強制統合出唯一的「中國話」，是要進入二十世紀之後的事了。

這樣思考的話，一道截然不同的地平線便在我們眼前展開：

歷史並沒有中心與邊陲之別，所謂「中心與邊陲」，不過是某個時代、某個王朝的一家之見罷了。萬里長城以外並非未開化之地，相反地，若將視野從歐亞大陸展開，草原紅山文明比黃河文明早一千年進入青銅器文明，這些草原上的人民之後移往黃河流域；此後，在草原上也誕生出許多豐富的文明，這些文明透過彼此間的相互影響，從而編織出實際的歷史。

下章開始，我們便將透過這種草原的視野來看大陸。

第二章 草原上誕生的文明

西元前 1100 年左右

一、文明的遊牧史觀

正如〈序章〉曾經提及的，日本總是會陷於對中國的矛盾情結當中。從某個層面上來說，日本對中國會產生矛盾情結，其實也是在所難免的事。畢竟攤開地圖，日本列島西邊就是這個巨大的國家，這是鐵錚錚的事實。即使回顧歷史，日本也是從支那輸入了形形色色的文化和技術，因此或多或少可以說是有點遭到洗腦的程度，而這也對現代日本人的哲學思考與行動，產生了重大的影響。

◎「草原文明」與「遊牧文明」

可是像我這種生長在南蒙古（內蒙古）鄂爾多斯高原的人來說，幾乎感受不到中國的威壓感，也不會對它懷有畏懼之情。蒙古和支那的關係，與日本和支那的關係截然不同。過去不知道多少個世紀間，蒙古的人們不斷輾轉於廣闊的歐亞大陸間；在他們眼中，中國不過是一個固定於歐亞東端（從高原往南看，則是左端）的存在罷了；而東亞過往興衰起伏的文明，在他們的理解中，也不過是世界上數不清的眾多文明當中的一個。即使從地政學、地理學的角度俯瞰，支那也只是從蒙古高原往下凹陷的一塊農耕地而已。對蒙古而言，支那既不巨大，也不強悍。

蒙古人普遍抱持著從歐亞出發的視角。若是經常由東仰望支那、以日語為母語的日本人，能夠獲得這種歐亞文明的視野，那麼或許就能將歐亞乃至世界與中國相對化，從而自中國情結中解放出來了吧！

如前所述，我是在鄂爾多斯高原長大的。黃河雖然是由西向東流，不過在中游有一個巨大的向北轉折，鄂爾多斯就在這個彎折處的正南方。簡單說，鄂爾多斯高原是一塊被黃河和

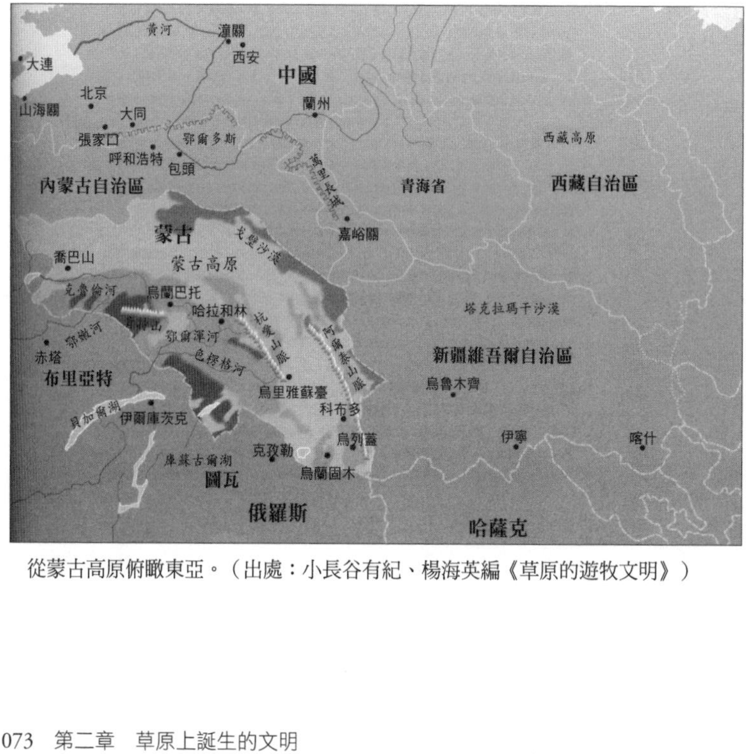

從蒙古高原俯瞰東亞。（出處：小長谷有紀、楊海英編《草原的遊牧文明》）

萬里長城所圍繞的地區。

在鄂爾多斯高原上有好幾個行政區，我的故鄉是當中的伊克昭盟烏審旗。盟和旗都是大清時代留下來的行政區分，其中烏審旗又因為發現了洪積世後期的遺跡，對理解人類歷史來說相當重要而受到矚目。

這處遺跡被稱為「薩拉烏蘇遺跡」。薩拉烏蘇（Shara Usun Ghol）在蒙古語中意指「黃水河」，實際上它就是黃河的支流。在這處遺跡中，發現了被視為蒙古人種直系祖先的晚期智人生活痕跡。這種晚期智人被稱為「鄂爾多斯人」（貝塚茂樹、伊藤道治《古代中國》）。這處遺跡在一九二二年，被法國出身的天主教會神父兼考古學者德日進（Pierre Teilhard de Chardin）與桑志華（Emile Licent）發現後，便在世界引起轟動。兩位神父最初是透過當地的蒙古牧民旺楚克蒐集化石，後來則嘗試更進一步的發掘。

薩拉烏蘇的主人翁當初被世界學界稱為「鄂爾多斯人」，不過中國民族主義者覺得用蒙古語地名看了很礙眼，於是故意把「鄂爾多斯人」改成「河套人」。河套是鄂爾多斯北部的黃河沿岸地帶，和薩拉烏蘇沒有任何關係。對於中國人這種狹隘的民族主義主張，近年來在國內也湧現了批判的風潮（楊海英〈從「河套人」到「鄂爾多斯人」——來自地方的人類史重寫運動〉）。

擔任法國神父嚮導的蒙古牧民旺楚克是地方上的知名人士，而薩拉烏蘇遺跡就在我每天上學的小學正後方。小學的時候，我們常常去那裡撿拾一些白色發光的小石子，長大以後才知道，原來那是猛獁等古代生物的化石。在那當中也找得到子安貝的貝殼，子安貝是棲息在沖繩或印度洋近海的貝類；它會出現在鄂爾多斯高原烏審旗的沙漠中，應該是太古時代人類進行交易所帶來的吧！蒙古人會把這種大洋的產物當成護身符，縫在孩子的衣服上作為鈕扣或裝飾品；他們相信這種來自海洋、形狀獨特的物品，蘊含有神祕的生命力。

當我前往北京就讀大學、之後又到日本留學，對學問有了更深一層領悟後，回顧起年少時的這段體驗，不禁開始關切起故鄉的古代文明，在世界史中的定位究竟為何？即

薩拉烏蘇遺跡。薩拉烏蘇雖是「黃水」的意思，不過在當地的蒙古人社會中，「Shara Usun Ghol」則是被解釋為「宛若乳漿般的河」之意，地名也反映了蒙古人的宇宙觀。

使在日常生活中，我也對自身文明圈的原始風景，有著強烈的意識。現在，身為蒙古人的我所關心的，則是該如何面對現代中國所重新呈現出來的文明觀與歷史觀。

中國近年來改弦更張，主張中華文明乃是由三種文明結合而成，那三種文明分別是：黃河文明、長江文明，以及草原文明。在經常提到的黃河文明與長江文明以外，力主加入草原文明存在的，是前面介紹的北京大學考古學者蘇秉琦教授；現在，這種說法已經成為了中國國內的「定論」（楊海英〈在中國開始被討論的遊牧文明〉）。

為何要在黃河文明與長江文明以外，另外追加草原文明呢？那是因為黃河文明和長江文明，都是已經斷絕的文明之故。這兩個文明，並沒有直接被現代中國的中國人所繼承下去。但另一方面，如〈第一章〉已經詳述過的，他們則是發現所謂「草原文明」與現今中國之間，其實有著縷縷不絕的關聯。

在鄂爾多斯遙遠東方的烏蘭哈達，有一處日本考古學者——京都大學名譽教授水野清一與濱田耕作先生發現的新石器時代遺跡。透過這處遺跡，我們得以確認從新石器文明到中國文字文明之間的連續性。

烏蘭哈達在蒙古語中是「紅色山峰」之意，翻成中國話就叫「赤峰」。重要的是，烏蘭哈達從中國的角度看去，是位在萬里長城以北。春秋戰國時代的支那，認為越過長城以北就不是支那人的國度，而是野蠻人的土地；換句話說，這是在他們自己劃定的界線外側的世界。它既不屬於黃河文明圈，也不屬於長江文明圈。儘管如此，這處屬於遊牧民之地的遺跡，卻從新石器時代一直長存到了有文字記錄的時代。

就像這樣，草原文明乃是在過去支那人認定「不屬於支那」的化外之地，持續發展繁盛的文明。故此，中國在很長一段時間中，都不認為草原文明是自己國家文化的基礎之一。當然，這是因為他們意圖主張作為支那起源的漫長文明歷史，乃是興起於中國本土之故。儘管如此，要將黃河文明與長江文明的存在和現代連結起來，這種主張的根據還是太薄弱了。

前述的蘇教授之所以要強調「草原文明也應該被認可為中國歷史的原點」，恐怕也是因為這種理由吧！結果，中國也不得不將烏蘭哈達遺跡和薩拉烏蘇遺跡所象徵的草原文明，當成中華（中國）文明之一，並且主張現代中國，乃是這種草原文明的繼承者。之所以會如此，可以說是因為中國共產黨政權出於政治考量，將蒙古人也曲解為中華民族的「一個中國」原則所致吧！

對於像我這種生在鄂爾多斯的蒙古人來說，我們是絕不會產生「草原文明是中國起源的文明」，或是「中華文明一部分」之類的誤解的。即使我們認為蒙古等遊牧民建立起來的文明相當值得驕傲，但我們也不會認為它就是中國的一部分。對相信中國乃是西方大國的日本人來說，我認為欠缺的就是這種歷史感覺。

那些被稱為「草原文明」的東西，其真面目就是我們所熟知的遊牧文明。輾轉歐亞各地、進行遊牧民歷史文化研究的國立民族學博物館名譽教授松原正毅先生，對於遊牧文明有著以下的定義（松原正毅〈遊牧帶給我們的訊息〉）：

遊牧是一種文明。在遊牧中，具備了可以超越個別文化、參與其中的機制與體系。若是接受這種文明的機制和體系，遊牧民的生活就可以成立。作為文明的遊牧，其一大特徵就是簡素。在其整個生活體系中，都可以確認到「簡素」這個要素的存在。簡單說，遊牧生活就是簡素的產物。在遊牧世界裡，包含思想在內，都具有一種透明性……而遊牧的基礎，就是移動性。

草原文明這個稱呼，很容易增長「以『草原』這塊土地為『根據地』」的既有印象；中國人大概是覺得這樣描述，在拿來和長江黃河文明並列的時候比較方便吧！畢竟，「黃河」、「長江」再加上「草原」，這些「場所」一字排開，就能給人家一種

「宏偉中國」的印象。但是，這種被他們稱為「草原文明」的東西，毫無疑問地並非支那人，而是輾轉於歐亞大陸間、不斷遷徙的遊牧民所創造出來的產物。文明本來應該依創造的民族與人種來命名才對，因此包括我在內，日本幾乎所有的研究者都稱之為「遊牧文明」（松原正毅〈遊牧帶給我們的訊息〉）。「草原文明」這種詞彙聽在我們蒙古人的耳朵裡，簡直就像是在說死亡滅絕的文明一樣。

說到底，支那人在歷史上一直敵視遊牧民，歧視他們、把他們當成是文明程度、乃至各方面平均水準都較差的人類來看待。若要在學問上確切反省這種政治性的刻意區分，就必須好好定位「遊牧文明」才行。關於這一點，蘇教授本身也有提出自省。

蒙古高原西部、阿爾泰山中遊牧民的帳幕。「阿爾泰」是「黃金之山」的意思，這裡是遊牧民視為聖地的場所之一，在歐亞草原當中，也是一塊特別豐饒的土地。

◎「中國」和「支那」有何不同？

到這裡為止，我一直都使用「中國」這個稱呼；但實際上，蒙古人等草原之民，自古以來使用的就是「支那」這個名稱。歷史學者岡田英弘針對這點，提出了以下的批判（岡田英弘《岡田英弘著作集IV・支那（China）是什麼？》）：

說到底，英語的「China」在日語中的對應詞本來就是「支那」。然而，第二次世界大戰後，隨著將日本置於占領下的GHQ發布的命令，以及日本人本身過剩的自我規制，「支那」全部被替換成了「中國」；在這之後，這個謊言就愈擴愈大，直至今日。

據岡田英弘所言，直到一九一一年滿洲人的大清瓦解、翌年中華民國誕生為止，西方人對東亞歷代王朝的一部分，都是認知成「China」這個名號；而China用漢字來對應，就是「支那」。然而戰後，日本在美國占領軍的壓力下，認為「支那」是歧視用語而過度自我規制，於是這個錯誤的看法遂成為定論。

岡田英弘的說法，與我們蒙古人的認識是一致的。在我們蒙古人的理解中，「中國」指的是一九一一年辛亥革命後成立中華民國以來的近代中國。現在中國人講述到「中國」時，也都是指「一九一二年以後的中國」而已。至於在這之前的時代，要將現代稱為中國的地區一概稱為「中國」，正如前述不只不合歷史實情，而且還相當粗暴無理。當我們回顧這段漫長的歷史之際，會發現若要將這個地區所發生的一切史實都稱為「發生在中國的事」，則顯得相當不自然。如上所述，在這點上，史家岡田英弘的見解與我們蒙古人的看法是一致的（楊海英〈與草原史觀一致的岡田史學〉）。

雖然也有認為「支那／China」乃是歧視用語的人，不過這個詞彙其實是發祥自古代的王朝「秦」；古印度也稱中國為「Cina」。現在阿拉伯地區的人們，仍然稱中國為「Chin」。在Chin最後加上一個母音「a」，就變成了China；因此，用它來指稱近代中國成立前的該文明圈，乃是再適合不過了。

在本書中，只將古代漢人亦即支那人擔任主角、活動於其中的場所稱為「支那」。至於漢人以外的各民族，則一概採取不稱為「中國人」或「華人」的立場。而「中國」二字，則是徹底用來指稱一九一二年以降成立的國家。

◎名為歐亞大陸的世界

包含今日中國北部在內的歐亞草原，東起滿洲平原，西至匈牙利草原，東西距離廣達七千五百公里左右。對於這片廣大無垠的草原地帶，研究者有很多種分割區域的方法。從學術上來說，分割的方法主要有三種：

大部分日本考古學者和東洋史學者，都將歐亞草原以「縱向分割」的方式來加以考量。這條分界線是沿著哈薩克、吉爾吉斯，以及今日中國西部國境地帶的帕米爾高原、天山山脈、阿爾泰山脈、薩彥嶺所連結起來的線段。大體上在這條線以西稱為西突厥斯坦，以東則稱為東突厥斯坦。在日本，研究東突厥斯坦的人很多，但是研究屬於伊斯蘭文明圈的西突厥斯坦的人則相對顯少。之所以如此，是因為日本人直至近代為止，很少有機會接觸伊斯蘭文明的關係。

另一方面，在蒙古、俄羅斯以及中國人，則是以將歐亞草原「橫向分割」的思維占多數。橫貫最南方的線段，是古代支那人所拉起的政治界線——萬里長城。於是從北極圈到萬里長城的這塊領域，就由長城往西連貫到喜馬拉雅山脈、再連到伊朗高原，最後抵達黑海南岸的這條橫線分割開來。

特別是俄羅斯的歐亞主義者，更是熱衷於將歐亞大陸分割為「南北」。在這些人當中，有一位是一九二五年逃亡到保加利亞、著有《成吉思汗的遺產》一書的特魯別茨科伊（Nikolai Sergeievich Trubetzkoi，一八九〇～一九三八）。關於他的「歐亞主義」，在濱由樹子的優秀作品《歐亞主義是什麼》當中有詳盡敘述。特魯別茨科伊等人主張，不該將歐亞根據它的語源（Euro／歐洲＋Asia／亞洲）來一分為二，而是應該從南北加以分割理解才對。另一方面，若論起歐亞歷史的代表人物，則非成吉思汗莫屬。他們以此認定，不只是中華文明，就連歐洲和俄羅斯的文明，也都受到遊牧文化的影響。

特魯別茨科伊等人的歐亞草原橫向分割文明觀，也可以對應到氣候和植被的狀況。北邊是擁有永久凍土層的凍原地帶，在它南邊是稱為「泰加森林」的針葉林帶，再往南是草原與乾草原地帶，最南邊則是沙漠與山岳地帶。在

西伯利亞南部、俄羅斯聯邦圖瓦共和國的岩畫。這是古代青銅器時期遊牧民留下的文明痕跡。這種岩畫在南蒙古草原、新疆維吾爾自治區的阿爾泰山與天山，以及西邊的哈薩克都可以看見。

它的西南聳立著天山，東南則有戈壁草原、也就是蒙古沙漠（Mongo Elesu）伸展開來。

從南部山岳地帶發源的河川，流經草原、針葉林、凍土區，注入貝加爾湖與北極海。日本和中國稱之為「北上」、「南下」，而若從東西分割的角度來看，這些河川則幾乎都是給人由西向東注入海洋的印象。

可是，從歐亞的視角來看，這些河川都是往北方順流而下。或許正因如此，所以在西伯利亞與蒙古的神話中，一直有地球是往太陽西沉的西北方向逐漸低窪的說法。

這些從南方天山山脈和阿爾泰山脈往北流的大河，自古以來便扮演著交通要衝的機能。歐亞草原就是這些沿著南北向河川的交通要道，與連結東西的絲路交匯的場所。

在蒙古高原南部戈壁生活的遊牧民。戈壁不是沙漠，而是一種草原，因此正確來說應該稱為「戈壁草原」。

◎梅棹忠夫的「文明的生態史觀」

然而，除了日本考古學者與東洋史學者、以及歐亞史學者將歐亞草原劃分為「縱橫」之外，另外還有一位日本人，提出了既非「縱」也非「橫」的第三種分類法，那就是國立民族學博物館的創始者兼首任館長——梅棹忠夫先生。

正如〈序章〉所提及，梅棹先生在名著《文明的生態史觀》等作品中，注意到歐亞大陸西端與東端的人們，在價值觀與社會體系上極為相似的事實。西端是以英國為代表的西歐，東端則是與大陸隔絕的日本。

> 雖然有人將世界區分為東洋和西洋，但這說到底是毫無意義的……在這裡，我要將問題所在的舊世界，明確區分為兩個地區，並將之分別命名為第一地區、第二地區。

就如上述，梅棹先生將舊世界當中，保持封建文明的東西兩端濕潤地區（西歐、日本）劃為第一地區。然後，被第一地區包夾在中間的第二地區（舊世界的歐亞大陸

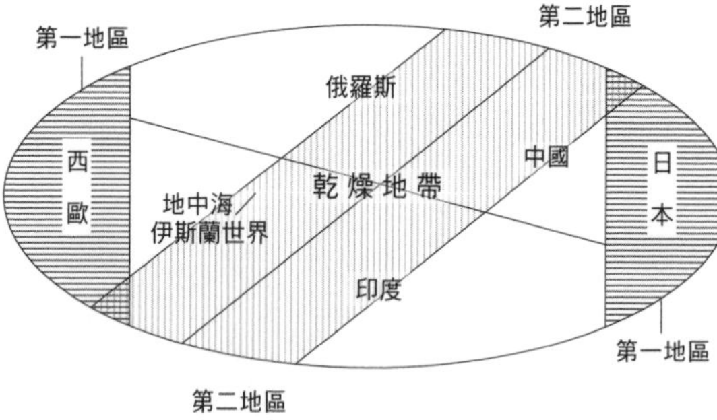

根據梅棹忠夫的文明生態史觀為基準，劃出的第一地區與第二地區。（出處：梅棹忠夫《文明的生態史觀》）

部分），則是屬於乾燥的草原；這裡的居民建構起專制的文明，在近代化的程度上較為遲緩；這就是他所提出的「文明的生態史觀論」。

生態史觀認為，跟動物、植物依照生態學上所謂的「遷移」（succession）法則，建立起自然共同體一樣，人類的歷史運作，在本質上也是相同的。梅棹先生之所以會產生這樣的文明生態史觀論，乃是受到他在戰時於南蒙古（內蒙古）進行調查的經歷所影響。如〈序章〉所述，梅棹先生寫道，「第二地區乃是惡魔的巢穴，是暴力的根源」，這令出身第二地區的我感到相當驚訝；但是他直接告訴了我，他的真義其實是「暴力就意味著驅力」。

那是我在國立民族學博物館進修時的事。當時我每個月有一次機會，得以和梅棹忠夫館長共進午餐。當時梅棹先生用蒙古文寫下自己的名字，然後對我說：「遊牧民的驅力，推動了整個世界史。」換句話說，第二地區乃是創造歷史的驅力所在，而生活在第二地區中的，正是遊牧民。梅棹先生的意思就是，遊牧民的遷移，讓整個歷史隨之轉動。

在這之後，我的恩師——國立民族學博物館教授松原正毅，也一針見血地指出：「遊牧在歐亞地區，確實扮演著歷史性的重要角色。它主要的任務，可以說就是擔任歷史變動的引擎。」（〈遊牧帶給我們的訊息〉）

事實上，即使光從東亞來看，我們也可以舉出一些例子。好比說，大清的形成乃是始於滿洲人興起，而滿洲人為何誕生，是因為過去盤踞此地的大金國（一一一五～一二三四年）被蒙古帝國（一二〇六～一三六八年）滅亡之故。西方也有同樣的狀況。匈人向西的移動，造成東羅馬帝國（三九五～一四五三年）領地內的各民族開始大遷徙；突厥從蒙古高原遷徙

1992 年，與恩師松原正毅教授一同在阿爾泰山調查遊牧民時的畫面。乘坐在馬上的人之中，最左邊的為筆者；右邊數來第三名騎馬者，為恩師松原正毅。

的結果，使得歐亞大陸實現了突厥化（關於「突厥」〔Türk〕，我在第四章會進行詳述）。這些世界史的巨大變動，透過梅棹先生的文明生態史觀，得以初次解明。

那麼，第二地區究竟指的是什麼地區呢？答案就是歐亞草原。

它的氣候與植被屬於草原地帶，在它南部的沙漠性草原（戈壁）則有禾本科植物，在廣大的土地上成群生長。不管是草原或是沙漠性草原，都很適合放牧家畜。故此，在歐亞草原上，很早就開始進行有蹄類家畜的飼育，而隨著家畜的遷徙，人們也隨之四處移動。突厥和蒙古等遊牧民，主要飼養的家畜有五種：綿羊、山羊、牛、馬、以及駱駝。在遊牧民的價值觀中，狗、貓以及豬，並不包含在家畜的種類當中。前述「五畜」的共通點，就在於可以擠奶。松原正毅先生就指出，到了確立乳製品製作方法的階段，遊牧才算成立。

在草原上也生活著穴居的齧齒類動物——旱獺。牠們雖會在地面挖洞，讓土壤的透氣性更好，但如果繁殖過多，則會造成草原破壞。這種旱獺會被狼所捕食，狼會吃家畜，人也會吃家畜。就像這樣，草原保持著一種複合循環型的生態系。至於這種循環能夠擴大到什麼程度，則視水的含量而定。

歐亞自古以來，便有「草原是天所賜之物」的說法；若是有家畜走失了，則會被視為眾人共有的財產。在廣闊的草原上，並不是隨處都有受河川或湧泉滋潤的優良草原可尋。

能夠使用水草豐美的草原，就只有強力的遊牧民，無力的集團則只能使用相對劣等的草原。草原的品質優劣，有時候也決定了遊牧民社會內的序列。在遊牧民的價值觀當中，擁有眾多家畜的家庭會被視為富裕之家，而可利用的草原範圍大小等條件，當然也很重要。擁有水草豐美的良質草原、並放牧為數眾多的家畜，是家族豐饒的最好證明。

另一方面，對狩獵採集民抱持強烈敬意，也是遊牧民的一種價值觀。在後面我會詳細提到，遊牧民對於能夠保持比自己更長移動距離的狩獵採集民，是把他們當作擁有大量資訊的知識分子來看待的。另一方面，對於完全固定不動的支那人農民，遊牧民則是把他們當作是比自己更保守的存在來看待。「山不動、人動」這句俗諺，廣泛流傳在遊牧民之間；它的意思是，不動的人是保守的、受固定觀念所束縛的。

城市的商人在遊牧民看來，是比農民更低劣的存在。在遊牧民的理解中，城市是把人集中起來、固定在那裡不動的裝置；在那當中做生意的人，都是對金錢執著的人。遊牧民因為「過著以移動性為基礎的生活，所以在財富的積累上自然會有所制約。故此，遊牧社會乃是一個沒有極端階層性的平等社會構造，也不會像農耕社會那樣，產生貧富嚴重落差的現象」；這是長年與歐亞遊牧民生活在一起，進行實地考察的松原正毅先生的結論（〈遊牧帶給我們的訊息〉）。

在抱持這種價值觀的遊牧民族文明獲得認可之前，中國都是用農民史觀、農耕民族的視野來看遊牧民，並對之多所鄙夷。然而，從遊牧民角度來看的話，則會認為他們自己是能動的，而農耕民則是固陋的，並覺得農耕民族是在歪曲遊牧文明。這正是今日蒙古與中國之間，產生文明論爭的一大要因。

◎沙漠的文明

讓我們把話題再回到沙漠性草原上。

我的出生地鄂爾多斯，也是位在沙漠性草原的一角。聽到沙漠兩字，或許有人會聯想到像是鳥取沙丘那樣的土地，但歐亞的沙漠和日本的沙丘是完全不同的東西。

日本稱為「戈壁沙漠」的蒙古沙漠，是從西伯利亞南部一路延伸到鄂爾多斯。從地圖來看，可以發現它是從西北向東南呈橫臥姿態。再往西邊的中亞有卡拉庫姆沙漠，這片沙漠也是西北向東南伸展，這絕非偶然。

造成沙的分布由西北往東南的主要原因是偏西風。若是不吹偏西風、沙子沒有被吹襲過來的話，蒙古沙漠和鄂爾多斯高原東北部，也都是一片青翠的草原。因此，我們絕不能把歐亞只看成一片沙漠的不毛之地。相反地，它是一片很溫暖、適合冬季紮營，深深令人喜愛的土地。

從文明史來看，歐亞的乾燥地區乃是所謂世界四大文明的發祥地（嶋田義仁《砂漠與文明》）。近年來，名古屋大學前教授嶋田義仁先生將人類文明提升到地球人類學的文明論角度來觀察，特別是對歐亞非乾燥地文明所扮演的角色，給予重新評價（嶋田義仁《砂漠與文明》）。

相對於嶋田先生使用「砂漠」兩字，身為蒙古人的我還是喜歡使用「沙漠」。在日本，所謂「砂漠」是砂礫細碎化之後產生的結果，但歐亞的「沙漠」因為保有豐富的水源，所以必須稱為「沙」才對。我小的時候，故鄉的沙漠裡不只有湖，也有魚。之後，湖泊消失了——那是因為中國人農民到來，把土地變成農耕地的緣故。

直到最近，在日本等地都掀起了將歐亞各地沙漠綠化的運動，但那不過是農耕世界的人們，妄想違抗地球吹拂偏西風的行為，因此只是徒勞無功罷了。只是，邁入近代之後，在舊蘇聯與中華人民共和國境內誕生了新的沙漠，這也是事實。那是因為俄羅斯人和中國人農民不採用遊牧方式，而是進入原本不適合耕作的土地殖民，並將草原開墾為田地的緣故。將草原變成田地，或許會被認為是一種綠化，但因為會破壞營養層薄弱的表土，所以會造成沙漠，這是經過科學證明的反效果。若要防止沙漠化，那就必須指導俄羅斯人和中國人，讓他們不要繼續在乾燥的大地上，用犁和鋤頭任意破壞才行。

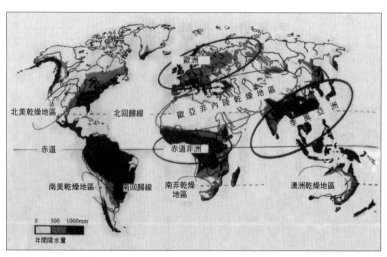

世界乾燥地區分布與歐亞非的生態學環境（以降水量區分）。（出處：嶋田義仁《砂漠與文明》）

二、青銅器文明

◎在草原誕生的冶金文明

「遊牧的起源，非常有可能較農耕更古老。到了能夠確立乳製品製法的階段，以畜產品為主體來維持生活，也就具備了充分的可能性。」這段話是輾轉歐亞各地遊牧民社會，進行調查研究的松原正毅先生的見解。

據考證，歐亞草原開始產生遊牧，大約是在青銅器時代的西元前一千年左右。青銅器因為與宗教和哲學的形成都有關係，所以在解讀文明的時候，是相當值得注目且有意義的物品。近年來，隨著青銅器時代文化的編年日益進展，我們對於當時的遊牧民，也得以產生更深一層的理解。

比方說，在西伯利亞南部的米努辛斯克盆地，出土了為數眾多的青銅器，從而讓我們對於製造青銅器、同時也從事畜牧和狩獵漁撈的米努辛斯克文明有所理解。這個文明按照不同層次出土青銅器的特徵，從年代最古開始，可以分成阿凡納謝沃

（Afanasievo）文化、安德羅諾沃（Andronovo）文化、卡拉蘇克（Karasuk）文化等三層（藤川繁彥編《中央歐亞的考古學》）。

這個時代，相當於支那神話上的三皇五帝時代到春秋戰國時代（前七七〇～前二二一年）。在米努辛斯克這裡，建立了一個與支那截然不同的文化。

根據歐亞考古學者藤川繁彥的說法，首先在西元前四千年，此地已經開始利用銅石器與馬；接著在西元前三千年，也就是阿凡納謝沃文化興起的時候，也開始製造青銅器——具體來說，是開始用青銅製造短劍等物品。

西元前三千年代末期，米努辛斯克的文化開始由阿凡納謝沃文化轉移至安德羅諾沃文化，同時也開始利用西伯利亞地區薩彥嶺和阿爾泰山脈等地的礦脈，礦脈乃是製造青銅器不可或缺的存在。

接著從西元前二千到前八百年左右，誕生了嶄新的卡拉蘇克文明。青銅器的製造範圍，從整片草原擴散到整個森林地區。這時候製造出來的青銅短劍，直至今日仍然在東起滿洲平原、西至黑海沿岸的廣大地區中出土。

在如此廣闊的範圍中，出土極其相似的青銅短劍，這個事實讓一種學說得以誕生，那就是「歐亞（西伯利亞）冶金圈說」。所謂文化圈或文明圈，標榜的就是圈內的文化或文明皆具備相當程度的均質性。這個地區出土的青銅短劍，型制幾乎都一模一樣。由於青銅短劍作為武器的實用性並不太高，因此很有可能是當作高貴的身分與權力的象徵來使用。

在當時的支那，殷（西元前一三〇〇～前一〇二七年）也在同期間開始鑄造青銅器。然而他們所鑄造的不是短劍，而是農耕儀式用的厚重祭器，是作為家族和權力的象徵，放置在固定建築神殿內的事物。以它的龐大和厚重程度，若要加以搬運，則非要馬車或牛車不可。正因為這種差異，殷並不屬於歐亞冶金圈當中的一員。

為何歐亞冶金圈的分布會如此廣泛呢？

原因是遊牧民會進行遷徙。青銅製的短劍，隨著騎馬的遊牧民廣為流傳。相對於此，在支那，馬與馬車的利用則相當的遲，這一事實也十分明顯。從殷的遺跡中，雖然可以發現農耕儀式用的厚重青銅祭器，但卻沒有出土馬骨或車輪等產物。馬車乃是由西亞漸漸往東傳播，這段歷史經由靜岡大學名譽教授荒川紘先生的研究，已經得到了確切的結果。我曾經在好幾年間，直接受教於荒川先生。據荒川先生說，在歐亞草原東端的殷，當時還不知道馬車的存在，因此必須另想方法，才能搬運那些巨大的青銅器（荒川紘《車的誕生》）。鑄造厚重青銅器的文化之所以沒有擴散到殷王朝周邊，是因為殷人無法攜帶它自由遷徙。也因為如此，殷文化並沒有廣及周遭區域。

◎鄂爾多斯式青銅器之謎

剛才指出文化圈或文明圈，其圈內必然具有相當的均質性；讓這種文化圈說更加強化的，是德國人類學者、同時也被視為政治地理學之祖的弗里德里希·拉采爾（Friedrich Ratzel）。他認為文化乃是居住在某地區的人們，因為受到地理風土的影響而創造出來的產物；即使是從某處傳來的文化，在和當地的基本文化接觸後，也會產生出新的混合文化。這種論點，和文化乃是由高階傳播至低階地區的進化論式思考彼此對立（堀喜望《文化人類學》）。

好比說，因為支那文化傳播到日本，日本文化才得以發展，這就是一種進化論、系統論的思考方式。在我看來，大多數日本人對這種進化論、系統論的思考方式，幾乎都是毫無批判地照單全收；之所以如此，和日本人把支那／中國看得過度巨大，恐怕脫不了關係。

我的家鄉鄂爾多斯，是一個出土許多青銅器的地區。這些青銅器包括了雙環柄頭

（握柄端有兩個圓環）的短劍，以及描繪動物爭鬥模樣的皮帶扣等頗具特徵的物品，被稱為「鄂爾多斯式青銅器」。讓鄂爾多斯式青銅器引起注目的，是一九三〇年代在中國留學、並在南蒙古各地進行調查的兩位日本考古學者——江上波夫和水野清一先生。他們特別是在日本支配下的南蒙古，積極進行有關蒙古細石器文化與綏遠青銅器的調查，最後並彙總成了《內蒙古長城地帶》（東亞考古學會）這部報告書。這兩位偉大的考古學者不只在日本、甚至在世界，都是鄂爾多斯式青銅器研究的先驅。

在這之後，中國在推動文化大革命的一九六〇至七〇年代間，在鄂爾多斯高原中央地區、伊金霍洛旗的 Jirüke——在蒙古語裡是「心臟」之意，漢文則稱為「朱開溝」——地區發現了遺跡；從這些遺跡中出土了大量的鄂爾多斯式青銅器，讓它的存在感一夕暴增。

如前所述，在蒙古有將子安貝縫在孩子衣服上的習慣，不過他們也常以青銅器的破片，來代替鈕扣使用。

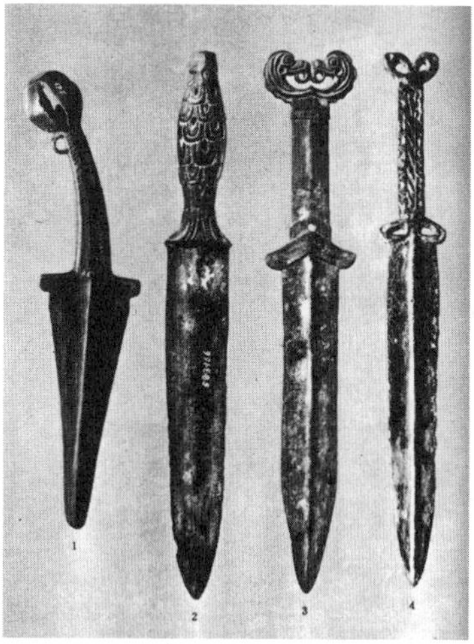
鄂爾多斯式青銅器的短劍。同樣形式的短劍，一直到遙遠西方的黑海沿岸都有出土。

關於鄂爾多斯式青銅器，至今仍籠罩在謎團當中，那就是它們到底是從廣闊的歐亞大陸何處傳來，至今仍然不明確，而且也沒有發現鑄造用的爐跡。不過，我在數年前，發現了或許能解開這個謎的物品。當時我在鄂爾多斯老家附近散步，結果發現了明顯是青銅爐的遺跡。雖然我認為這是個大發現，但地方的考古學研究所知道以後，

鄂爾多斯高原 Jirüke（朱開溝）的發掘景象。Jirüke 在蒙古語裡，是「心臟」的意思。原本文化財依照出土地命名，乃是世上不動的原理，但是中國的狹隘民族主義者卻捨棄「Jirüke」不用，而改用支那語的「朱開溝」（zhukaigou）來稱呼之。朱開溝不過是 Jirüke 的借字罷了；按照中國國家民族事務委員會制定的規定，「少數民族的地名，應以當地主人的稱呼為準」，可是實際遵守這條規定的中國人，可說少之又少。

鄂爾多斯高原 Jirüke 的部分出土品。石斧類。

或許是想獨占這個功績，要我緘口不語。儘管當地的考古學者只是笑顏逐開，在行動上卻似乎毫不在意，不過我仍然翹首期盼，希望哪一天能聽到發現爐的新聞。

近年來，在位於人稱「紅色山岳」的烏蘭哈達、繁榮於西元前二千年左右的夏家店下層文化遺跡中，也發現了和西伯利亞米努辛斯克的安德洛諾沃文化同樣的青銅器。除了青銅製短劍以外，也發現了馬具和皮帶扣。從蒙古高原到黑海，都可以發現這種設計高度精巧、圖案幾乎一致的「斯基泰式」皮帶扣。考古學者因此將「鄂爾多斯式青銅器」也稱為「斯基泰式青銅器」。斯基泰是古代伊朗系的遊牧民。

鄂爾多斯或斯基泰式的皮帶扣裝飾，主要是以描繪獅子或狼之類的動物攻擊馬，也就是肉食系動物襲擊草食系動物的場面為主（見頁一〇〇）。除此之外，也有下馬的兩個男人互相搏鬥的場面，看起來簡直就像是相撲一樣。從文化人類學的知識來看，雖然只是附著一個小小青銅器具的皮帶，但對遊牧民卻是相當重要的存在，因為騎馬的牧者，必須要綁上寬闊的皮帶才行。若是不加任何防備便騎在狂奔的馬上，會造成內臟劇烈震動，嚴重的情況甚至會造成腸子打結或堵塞，並導致死亡。為了防止這種意外，就必須用寬闊的皮帶將內臟所在的位置加以固定才行。在身體繫上這種寬皮帶，就可以乘馬進行長距離移動，也能展開軍事作戰。這就是用來固定皮帶的帶扣，在遊牧民之間相當發達的理由。

現在日本的大相撲，一般都認為是起源自契丹。契丹是十世紀位於歐亞東部的民族（關於契丹，我將在第五章進行詳述），不過我則夢想著能夠依據帶扣的存在，將大相撲的起源追溯到西元前的斯基泰文明。

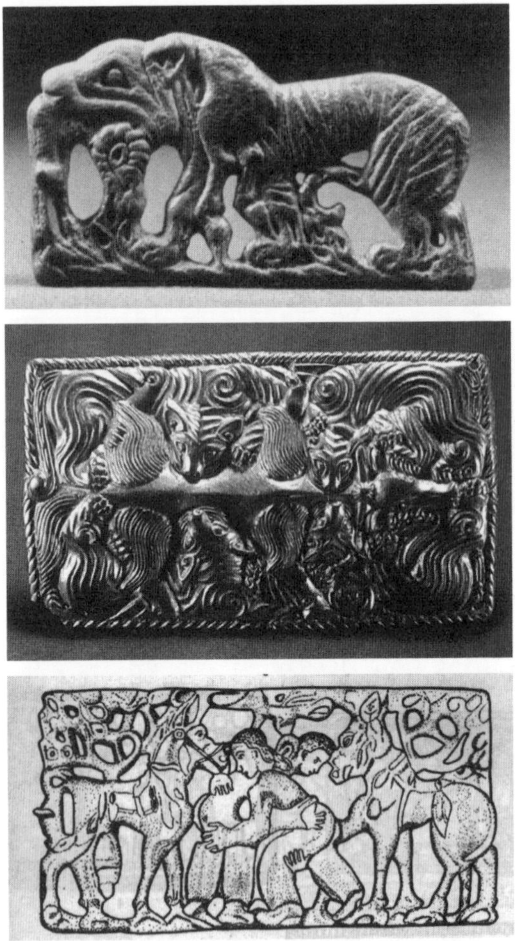

鄂爾多斯式青銅器的裝飾帶扣。（出處：內蒙古自治區文物工作隊，田廣金、郭素新編著《鄂爾多斯式青銅器》）

◎與中原並行存在的鄂爾多斯文明

在日本也發現了不少鄂爾多斯式青銅器。雖然發現地點以九州為主，不過二〇一三年八月在滋賀縣高島市的上御殿遺跡中，於公認屬於彌生中期的地層裡發現了一把劍柄附有雙環的「雙環柄頭短劍」。迄今為止於日本境內發現的短劍，或者是從支那傳來、又或者是經由日本海傳來。因為傳來的路徑有多種可能性，因此有助解明銅劍流通路徑的這項貴重發現，也登上了當時的報紙版面。「朝鮮半島和九州都不曾見過的短劍，為何會出現在近江？」、「這把劍的用處到底為何？」為數眾多的謎，讓研究者不禁抱頭苦思，這樣的狀況也呈現在報導當中。東起日本的滋賀，西至歐亞交界處的黑海，到處都可以發現鄂爾多斯式青銅器。之所以會有如此廣範圍的分布，當然可以想成是遊牧民在這個廣大地區四處遷徙的結果。

歐亞的青銅器時代，與支那自神話上的三皇五帝時代至春秋戰國時代幾乎同時。在這個時代，歐亞與支那興起的文化完全不同。因此，用「春秋戰國時代的鄂爾多斯」這種他者（支那）的編年方式來描述歐亞，無疑是用支那的基準來衡量他國，自然會產生極度傲慢且不自然的問題。如果不能脫離這種視野，那就只會一直陷於用

「支那史觀」看歐亞的困局之中。

不管怎麼說，斯基泰文化以及鄂爾多斯式青銅器文化，從西元三世紀左右便開始衰退，當時在支那乃是後漢時代（二五～二二〇年）。在這之後，歐亞便邁入了鐵器時代。

三、古代遊牧民留下的遺跡

◎古墳與鹿石之謎

古代的遊牧民，留下了為數眾多的遺跡。即使到了現在，這些豐富的遺跡仍然能在蒙古高原上被清楚看見。

這些遺跡當中的一種，就是「赫列克蘇爾」。據歐亞考古學家所述，赫列克蘇爾是青銅器時代遊牧民建造的古墳，圍繞著它的外部構造物相當龐大，半徑可以達到八百公尺，比起日本近畿地區可以看見的大部分古墳，規模都要來得宏偉。

「赫列克蘇爾，是蒙古和布里亞特地方發現的積石塚所被賦予的稱謂。」考古學者藤川繁彥先生如此定義。在這些積石塚中，發現了家畜的骨頭、素樸的粗陶和青銅器、鐵器，也確認有使用火的痕跡；人骨非常之少，但可以確定是採仰面埋葬形式。

赫列克蘇爾，在蒙古語裡指的是「黠戛斯人的墓」。為什麼會有這樣的稱呼，至今說法仍然未定，不過若試著從人類學的角度進行思考，則會產生極有意思的考察。

黠戛斯是自古以來便生活在西伯利亞南部至蒙古高原西北部的狩獵、遊牧民，他們登上歷史舞台的時間，大約是在西元九世紀半左右。換句話說，建造赫列克蘇爾的青銅器時代，乃是黠戛斯人踏足蒙古高原的古早以前，因此古墳裡埋葬的，當然不可能是黠戛斯人。既然如此，那為什麼不用黠戛斯人以前的民族——比如說斯基泰，

蒙古高原中央的古墳。當地的遊牧民稱呼它為「赫拉克蘇爾」（黠戛斯人的墳墓）。

雕刻有抽象化鹿圖樣的石柱。

或者之後出現的民族——比如說突厥或契丹，而偏要用黠戛斯呢？或許是因為現代的蒙古人把自己的祖先和「森林之民黠戛斯」連結在一起的緣故吧！

另一種現在仍然能見到的古代遊牧民遺產，則是「鹿石」。鹿石主要是角柱狀的立石，平均高約一到二公尺，最高者可以達到四公尺。在一望無人的草原上，這些鹿石主要豎立在墓地的附近，視情況甚至可以達到數十根並列；那種雄偉莊嚴的模樣，讓人不禁聯想起埃及尼羅河西岸的「帝王谷」（岩窟墓群）。根據資料，鹿石的「上端大多呈現斜削的軍刀形或角柱形。在蒙古有五百根以上、布里雅特有十根、山地阿爾泰有五十根、圖瓦有三十根以上的例子獲得確認」（藤川繁彥《中央歐亞的考古學》）。

這些立石之所以被稱為鹿石，是因為上面雕刻有鹿的模樣。不只是鹿，上面也會刻有具備鄂爾多斯青銅器特徵的短劍等物品。故此，也有考古學者解釋說，鹿石乃是「鄂爾多斯式青銅器」時期以降的產物；另外也有人認為，它們是在以前就被豎立起來，然後青銅器時代的人們再在上面刻上自己的持有物。「關於鹿石的年代雖有各種不同說法，不過最近認為它基本上屬於青銅器時代、並早於斯基泰時代，這樣的說法較為有力。」（藤川繁彥《中央歐亞的考古學》）不管怎麼說，使用鄂爾多斯式青銅器的人們，一定曾在草原上目擊過鹿石，這是毫無疑問的。

右端雕刻有鄂爾多斯式青銅短劍與斧的鹿石。

◎馴鹿文化圈的神聖符號

關於鹿石上所雕刻的動物，一般通說都認為是鹿。但是我要大膽提出一個解釋，那就是上面的動物並不是一般的鹿，而是「馴鹿」。

若從人類學的角度來看，我們或許可以稱它為「馴鹿文化圈」。西伯利亞的原住民、加拿大的愛斯基摩人、乃至於斯堪地那維亞半島北部的薩米人，幾乎都具有同樣的文化。他們從事狩獵採集，信仰薩滿教。他們用活馴鹿來拖雪橇，屠宰後的馴鹿肉與毛皮，則被活用在自己的食物、衣服，乃至帳篷之上。

在漫長悠久的歷史中，有人持續駐留在馴鹿文化圈內，也有人往外發展。在這些從凍土區的大地出發、出現在南方草原的人當中，也有些人選擇了在歐亞大陸上成為遊牧民。

就像我們普遍所知的，大約在五到六萬年前，晚期智人（Homo sapiens，又稱解剖學意義上的現代人）從非洲分南北兩條途徑往外擴散，最終抵達東亞。沿著阿拉伯半島和印度等溫暖路徑前進的人類，在各自的土地上建立起農耕城市社會；另一個集團則是沿著西歐、北歐、北極圈，一路朝東前進。這群取道極寒路徑的人類，他們留下的形形色色遺跡也都獲得了確認（海部陽介《日本人來自何處？》）。

近年來，根據確實的考古學證據，走北方路徑的人類，據推定乃是「從西亞經高加索山脈，大約在四到五萬年前進入南西伯利亞」；這是靜岡大學副教授、專門研究舊石器考古學的山岡拓也先生所提出的論點。山岡先生是我的同事，他曾經實際在蒙古高原上進行過對舊石器時代遺跡的調查；他所稱的南西伯利亞，包含了阿爾泰山脈、蒙古北部，以及貝加爾湖周邊。蒙古國東部漢撒特（Khanzat）的舊石器遺跡，正是這個立論有力的證據之一。（山岡拓也〈關於道具資源利用的人類行動之現代性〉；出穗雅實、B・所巴塔爾、山岡拓也等〈蒙古東部漢撒特1・舊石器遺跡第一次調查報告〉）。

這些在北極圈進行狩獵採集生活的人類中，也有以森林為狩獵場，並且更進一步隨著時光流逝而慢慢朝草原移動的人們。這些人之後便在適合畜牧的草原上，開始了遊牧生活。

前面已經提到過，遊牧民對狩獵採集民抱持著很高的敬意。其實，那也是對他們的祖先與起源的敬意。這種敬意直到現在，仍然可以在他們的價值觀中看見——他們認為，奉獻給神的神聖祭品，不應使用飼育的家畜，而是要使用狩獵而來的野生動物才對。

當我們翻閱描寫成吉思汗家族歷史的《蒙古秘史》時，可以清楚讀到蒙古人在十世紀或十一世紀時，終於由狩獵採集轉為草原遊牧的過程。而成吉思汗本人在少年時代，也會一面從事狩獵採集，一面記誦那些將遠古的祖先視為神聖、屬於蒙古人自身的「秘史」。

在這種歷史、文化背景下，我將鹿石上描繪的圖案解釋為馴鹿，並將之視為是蒙古高原上遊牧化的人們為了對狩獵採集的祖先表示尊敬、所刻下的象徵性神聖符號。

◎黃金之柱與鹿石信仰

關於鹿石還有另一個謎，那就是它究竟是為什麼而豎立起來的？關於這點，至今仍然一無所知。然而今後若要試著做出解釋，或許也得從描繪的圖案是「鹿」這個立場來出發才行。

之所以如此，是因為包括俄羅斯人在內的西伯利亞許多民族，都把在北方天空中閃耀的大熊座稱為「鹿」。俄羅斯聯邦的薩摩耶族，把「北極星」稱為「彎弓射鹿的獵人」；蒙古人也把北極星稱為「黃金之柱」（Altan Ghadasu），在「黃金之柱」附近的獵戶座，則被描述為「三隻鹿」。不只如此，在歐亞東部的狩獵採集民與遊牧民，也多半會把天體與鹿連結起來思考，比方說神話中的天河乃是被人追趕、斬殺的鹿所變成（烏諾．哈爾法《薩滿信仰——阿爾泰諸民族的世界像》）。

我也想試著從人類學的角度，解釋鹿石信仰與遊牧民的北極星信仰、拜天信仰之間的關係。

遊牧民信仰的是「天」。在廣闊的歐亞草原上，宛若帳幕般籠罩四野的夜空中，可以看見北極星——也就是蒙古人所說的「黃金之柱」閃耀著璀璨的光芒。仰望「黃金之柱」的人們，深信北極星是除了太陽和月亮之外，第三特別的存在。對這樣思考的人們來說，歐亞人民共有的草原乃是天的贈禮，而天也是最高的神明。

我還可以舉出一個人類學上的證據，那就是自十三世紀持續至今的成吉思汗祭典。在這個成

呈現北極星的「黃金之柱」。位於俄羅斯聯邦布里亞特共和國首都烏蘭烏德近郊。

吉思汗祭典當中，也有向「黃金之柱」（北極星）以及天河獻祭神聖馬奶酒的儀式。這個政治性的儀式，是由成吉思汗家族、也就是「天孫」們來施行。如果將北極星亦即「彎弓射鹿的獵人」與「黃金之柱」等同看待，那麼聳立在大地之上的鹿石，是否也可以用「為了拜天儀式而設立的產物」來加以解釋呢？這樣一想，說不定對豎立鹿石時的遊牧民來說，今天的我們稱呼為「鹿石」的立柱，正是用來表現「黃金之柱」（北極星）的吧！

雖然現今世上有許多的神話和宗教，但大部分的地區在神話與宗教誕生以前，都是處在拜天信仰之下。遊牧民的拜天信仰之後也傳到了中國，於是周朝以降，支那也出現了「皇帝乃天子」的概念；在這之前的支那，對天的信仰其實是相當薄弱的。支那的古代宗教是「帝」信仰；帝雖然是神，但和天並沒有關聯，同時也沒有被人格化（貝塚茂樹、伊藤道治《古代中國》）。更進

鄂爾多斯高原的成吉思汗祭儀。正前方的「黃金之柱」（北極星），和地面上以樹枝表現的「天河」彼此相連。

一步說，支那人對於天，其實並沒有太深的想法。另一方面，遊牧民有「天有九層，每層住有各自不同神明」的想像，但支那則沒有這種將天具像化的具體形象存在。

回顧一下到目前為止的篇章，我們可以發現，要將遊牧文明與黃河、長江文明並列，同樣視為中華文明的發祥源頭之一，實在是極度無理的事情。遊牧文明很明顯是歐亞文明的一部分。不過，正如前面已經提及的，在殷墟中有極少數的鄂爾多斯式青銅器出土，因此支那與遊牧民之間是有交流的；然而，這說到底，也不過是遊牧民與異文明之間產生的交流結果罷了。故此，遊牧文明絕對不屬於支那的一部分。

接下來本書將以此為前提，從獨立於中國的文明視角，來持續觀看「歐亞文明」的發展。

第三章
「西邊的斯基泰、東邊的匈奴」與支那道教

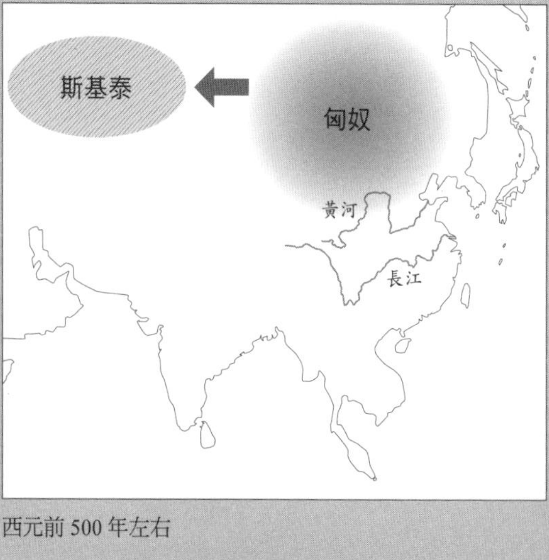

西元前 500 年左右

一、遊牧民是怎樣的一群人？

遊牧民的「遊」，乃是按照合理的規律進行遷徙的意思。形成這種規律的，是遵循春夏秋冬的季節變化：動物若是遇到酷熱，便會遷徙到涼爽的地區；遇到寒冷，則會往暖和的地區移動。簡言之，就是適應季節的變化，往適合生活的土地遷移。人類也是一樣，在太古的狩獵採集時代追隨獵物、在畜牧時代則追隨家畜，若是動物遷徙，他們也只能隨之改變居所。這種自然的遷移之理（succession），便是遊牧的起源。

◎封閉的象徵——萬里長城

遊牧民對於自己何時要遷徙，會透過集團內部的商議決定。然而，當決定好明天要搬家，上床睡覺，結果醒來一看，才發現家畜已經在夜裡自己搬家了，這樣的實例幾乎每年都會上演。直到今日，遊牧依然清楚保留著「人追著動物跑」的本質。

關於家畜的飼育，長年以來的定論乃認為起源於一萬年前左右的美索不達米亞，當時的家畜是「羊」，接著到八千年前左右加入了「牛」，六千年前左右加入了「馬」，一般都是這樣認定的。可是到了最近，畜牧的起源並非美索不達米亞、而是歐亞北部的草原地帶，這樣的說法也開始被視為相當有力的論述。

遊牧民所利用的家畜，包括提供「毛皮」、「肉」和「乳」，以供人們衣食居住的羊與山羊，以及利用其力量的牛與駱駝、馬。牛和駱駝被用來搬運，馬則是使用在軍事上。直到工業革命的恩惠在城市農耕民間擴散開來為止，遊牧民在軍事上一直具有壓倒性的優勢；之所以能夠如此，就是因為毫無保留地使用馬的機動力。這種優勢一直持續到十八世紀後半，工業革命帶來蒸汽機與鐵路，以及重火器發明為止。

遊牧民的先驅者，在西方是斯基泰，東方則是匈奴。

斯基泰於西元前七世紀至前四世紀，活

馬上的遊牧民。他們跨騎在馬背上，視野寬廣，隨著自然而移動。他們一個人會帶著好幾匹馬，若是馬跑累了，就從馬上跳到另外一匹馬的背上。正因如此，遊牧民的移動相當迅速。

躍於現在的烏克蘭周邊；匈奴則是從西元前三一八年左右到西元後三〇四年，以中央歐亞為中心活躍著。

西邊的斯基泰與東邊的匈奴雖然被認為是不同的民族，但兩者之間其實有很多共通點。兩者都採騎馬移動，因此機動性很高，也都採用馬上張弓射箭的騎射戰術。斯基泰和匈奴也有共通的價值觀。當戰鬥中判斷形勢不利時，他們便會瞬間撤退。對遊牧民來說，撤退並非可恥的事；這點在支那就大不相同了，支那認為撤退等於是向敵人低頭，是件極可恥的事。

在這裡有一段軼聞：

漢朝的軍人李陵奉武帝之命前去征討匈奴，卻因寡不敵眾而戰敗投降。武帝因此而暴怒不已，將李陵一族全部處死。對遊牧民來說，生命比什麼都重要，因此並不認為被俘虜是什麼可恥的事，當然也不會做出這樣的殘暴舉動。事實上，匈奴也屢屢接納並重用逃亡、投降的支那人（漢人）（護雅夫《李陵》）。即使在歐美，遭到俘虜也不是什麼可恥的事情。會感到可恥的，只有抱持儒教價值觀的民族吧！關於這點，在導入部分支那思想的日本，也有類似的態度；好比說在太平洋戰爭中的軍人身上，就可以看到這種價值觀。

雖說是「西邊的斯基泰、東邊的匈奴」，不過匈奴在西方其實也相當有名。只不過他們在那裡不叫匈奴，而叫「匈」（Hun）。蒙古人稱「匈奴」為「Hunnu」。蒙古語的「Hun」指的是「人」，它的複數型就是「Hunnu」。匈奴是否往西方遠征，並在當地被稱為「匈人」、也就是Hunnu，這在學界已經成為一門學說。

我在前面曾經提過我出身自鄂爾多斯，而鄂爾多斯正是匈奴的根據地。從我家的大門口，每天都可以看見五十公里外萬里長城的烽火台。對我來說，這是日常風景的一部分。只是，這裡的萬里長城絕非氣勢雄偉的建築，相反地，看上去極其粗糙。

我從小時候開始，就對那座巨大的建築物充滿興趣。每次一有機會，就會抓著父母問說：「那邊看到的東西是什麼？是蓋來做什麼用的？」

蒙古人稱長城為「Chaghan Kerem」，意思是「白色土牆」。父母告訴我說：「那座白色土牆，是住在牆對面的支那人，為了防止在歷史上一直對

鄂爾多斯高原南部、陝西省北部的長城遺跡。

峙的我們遊牧民南進，而蓋起來的喔！」附近的老人家，也都異口同聲這樣說到。可是當我每次聽到這個答案時，在我幼小的心靈總會抱持一個疑問，那就是：支那人真的認為這麼粗糙的東西，就能擋住人的移動嗎？

之後，這個疑問很快得到了明確的解答。當我長大到五、六歲、已經能夠乘馬的時候，便跟著大人一起，試著前往家裡能夠看到的那段長城附近。當時，我的馬輕而易舉便越過了那段長城（楊海英《草原、馬與蒙古人》）。由此可以明確得知，那段長城根本防不住遊牧民。我越過的那段長城雖是明朝的建築物，不過古代中國從秦開始，便已經在嘗試建造長城了。之所以如此，當然是為了從遊牧民手中保護自己的國家。

想藉著長城這種土牆來保護自己國家的發想，基本上是很封閉，也「很中國」的。這樣的批評和議論在一九八〇年代，隨著鄧小平和中國知識分子的改革開放，在中國也一時蔚為風潮。

中華文明是封閉的文明，而其象徵就是萬里長城——他們是這樣主張的。「長城絕對不是中華文明偉大的象徵」，而是為了和他者劃下界線而建設的土牆；這種封閉性不打破，中國的改革開放就不能成功，這就是當時的論調。當時抱持這種建設性議論的電視節目，讓前往北京遊學的我記憶深刻。對於從小聽匈奴傳說長大的我來說，萬里長城乃是封閉象徵的說法，相當地讓我感同身受。

可是在那之後，這種嶄新的長城再認識論遭到政治上的批判，同時也被視為一種有問題的論述。「中華文明沒有什麼封閉性，從以前開始就一直很偉大」，這樣的自我中心史觀變成了主流。這種自我中心史觀——也就是所謂「中華思想」，同時帶有強烈的排他性。它的具體呈現，在古代是「反異民族」、在近代則變質為反外國主義，到了二〇一二年以後更是以反日為特徵（佐藤公彥《中國的反外國主義與民族主義》）。

◎從蒙古高原到多瑙河的共通文化

鄂爾多斯是匈奴的根據地。從它距離長城很近這一點，可以明顯看出，它是匈奴對漢朝、漢朝對匈奴的戰爭最前線。

雖然從匈奴時代開始便有不少人遷出此地，不過在西元五世紀時，有一位名字非常特殊的人物——赫連勃勃，在鄂爾多斯這塊土地上興築了一座名為「Tümen

Balaghasu」、漢字寫作「統萬城」的城池，同時建立了大夏王朝。這個大夏國，乃是五胡十六國[1]之一。

統萬城離我家也非常近。在鄂爾多斯，也流傳著關於匈奴人赫連勃勃的傳說。傳說中，赫連勃勃在統萬城的地下，挖掘了一條通往遙遠南方長安的隧道。他的匈奴軍團就是透過這條隧道，在支那地區神出鬼沒，戰無不勝。由於附近有很多洞窟，因此這段有關隧道的用兵傳說，在我年幼的心中確實感覺相當可信。

統萬城是大夏的夏季都城，長安則是冬季的首都。這種隨著季節轉移都城的行為，也是典型遊牧民君主的

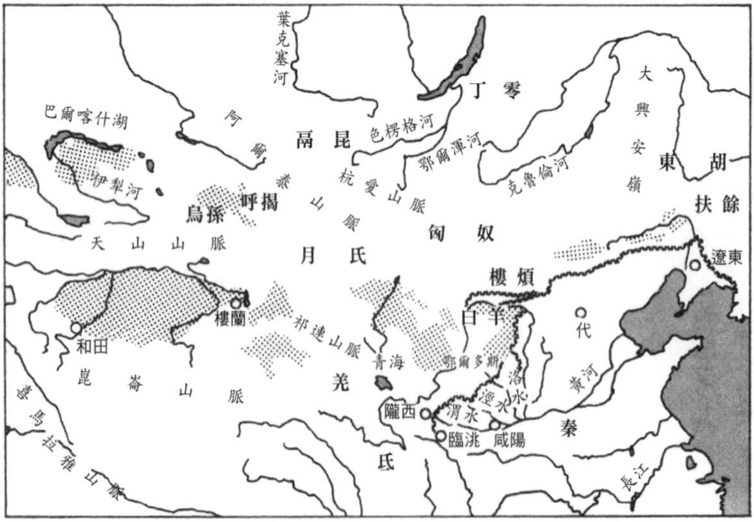

西元前 3 世紀，以匈奴為中心的北亞遊牧民世界。（出處：澤田勳《匈奴》）

位於鄂爾多斯高原西南部烏審旗的 Tümen Balaghasu（統萬城）。進入近世之後，從中國陝西省入侵南蒙古的漢人，陸陸續續在城牆挖出不少的坑洞。

習性。赫連勃勃，是和匈奴的王族、單于（統率者、君王）血脈相連的人物。五胡（匈奴、鮮卑、羯、氐、羌）十六國王朝中，有好幾個都是匈奴系統出身的人士所創建。匈奴最初在中國的記錄中登場是西元前三一八年，而他們在東方最後的歷史，則是由赫連勃勃的大夏王朝所創造。

鄂爾多斯從支那建立秦朝開始，一直到五胡十六國時代，都是和匈奴休戚與共的土地。因此，生長在這裡的我會心向匈奴，就跟懷念故鄉一樣，是再自然不過的行為；在我故鄉的蒙古人社會裡，也都認

1　五胡十六國：西元三〇四～四三九年，由五胡（匈奴、鮮卑、羯、氐、羌）與漢民族在支那華北建立的十六個國家。

為蒙古是由匈奴（Hunnu）發展而來的。

事實上，隔鄰陝西省的中國人，也都稱我們蒙古人為「匈奴」；換句話說，北部中國的中國人，也都把蒙古人當成匈奴的後裔來理解。

在鄂爾多斯，到處可以發現匈奴殘留的文化。其中最有名的，應該就是西元前三世紀的「王冠」了吧！在這頂用黃金打造而成的王冠上，坐鎮著被遊牧民視為神聖的鷲。它被發掘出來的一九七二年，正是我入小學就讀的那年，同時也是文化大革命如火如荼進行的時期。當時不論政治或是經濟，都是史上最黑暗的時代，因此關於這頂王冠，並沒有得到大規模的報導。但是，在我周遭的大人們，全都興奮地說：「發現了古代匈奴的氣派王冠耶！」那種為自己祖先感到自豪的語氣，我到現在都還記憶猶新。

在鄂爾多斯北部杭錦旗草原出土的匈奴王冠，現在被指定為中國的重要文化財。

在日本，慎重的歷史學者對於匈奴究竟是突厥系還是蒙古系，並沒有多所議論。可是，將匈奴視為蒙古民族的祖先，這樣的史觀不管在蒙古國或內蒙古自治區，都日趨顯著。二〇〇三年蒙古國內出版的五卷本《蒙古國史》，以及二〇〇四年遼寧民族出版社用蒙古語及支那語雙語出版、由滿昌[2]所寫的《蒙古族通史》（蒙古語六卷、漢語四卷），都抱持著這樣的史觀。

匈奴的痕跡也殘留在長城對面的中國陝西省。與匈奴勇敢奮戰的支那人蒙恬以及扶蘇的墓，就位在陝西省的綏德縣。蒙恬是秦的武將，扶蘇則是秦始皇的長男。

鄂爾多斯作為對支那最前線的機能，一直持續到西元前二〇九年頭曼擔任單于（君主），以及前二〇九年至前一七四年，頭曼的長男冒頓在位的時代。「頭曼」（Tümen）在突厥和蒙古語中是「萬」的意思，而「冒頓」（Bokutotsu）則被認為是「英雄」（Baghatur）或「神聖」（Boghdo）的意思（澤田勳《匈奴——古代遊牧國家的興亡》）。

關於頭曼遭到兒子冒頓暗殺，有一段令人頗感興趣的軼聞。話說，冒頓一直在逐

---

2 滿昌：出身蒙古泰亦赤兀惕族的學者，現任內蒙古教育學院蒙語系教授。

步掌握權力，他訓練自己的親衛隊，當他將響箭射向某處之際，必須毫不遲疑地將箭射向目標。

有一次，冒頓將響箭射向自己的愛馬。親衛隊員中有一些人跟著張弓射箭，但也有些人遲疑著沒有射，畢竟遊牧民相當重視馬。所以，即使冒頓三令五申，還是有一些人不敢對著領導者的愛馬射箭。結果，冒頓將這些違抗命令的親衛隊員全部砍了頭。接著又有一次，冒頓將響箭射向自己的愛妻。這次又有人不敢放箭，結果這些不敢放箭的人，再次全部被砍了頭。到最後，冒頓終於將響箭射向父親頭曼，這次再也沒有人猶豫不決，所有的箭一起朝頭曼射去。

即使冒頓當上了單于，他和秦之間也還是持續著拉鋸戰的攻防，而匈奴也不斷在漫長的萬里長城北側活動著，其結果是留下了許多優秀的文化遺產。以研究這些遺產而聞名於世的，正是江上波夫先生。他將自己的研究成果彙整成《歐亞古代北方文化——匈奴文化論考》一書。根據江上先生所述，從西元前五世紀到後三世紀，東起蒙古高原、西至多瑙河，都處於一種共通的文化之下。江上先生將之命名為「斯基泰—西伯利亞—鄂爾多斯式青銅器文化」。

二、由東向西前進的斯基泰

◎希羅多德《歷史》的記錄

在第二章講述「米努辛斯克文化」時，我曾經提及，在這之後興起的是「斯基泰文化」。

在先於匈奴的斯基泰遺跡當中，以位於俄羅斯聯邦圖瓦共和國的阿爾贊古墳最為著名。在這座直徑一百二十公尺、積石高達四公尺的古墳當中，發現了以三百匹馬為祭品的獻祭痕跡。若是將這些祭品解釋成作為埋葬與供養的儀式，由參與祭儀者加以分食的話，那至少有一萬人參與這場儀式（藤川繁彥《中央歐亞的考古學》）。想當然耳，一定是有強大的權力，才能舉行如此盛大的儀式。

位在俄羅斯聯邦圖瓦共和國的阿爾贊古墳發掘遺跡。

在阿爾贊古墳，也發現了鹿石的破片。在這裡，鹿石是被當作建築素材而保留下來；由此可知，阿爾贊古墳的時代較鹿石豎立的時代更晚。歐亞考古學者高濱秀先生，在藤川繁彥先生編纂的《中央歐亞的考古學》中，將阿爾贊古墳鹿石上所雕刻的鹿形圖案，分類為「初期斯基泰—西伯利亞動物樣式」；也就是說，在古墳建築的時期之前，斯基泰—西伯利亞式的動物圖樣就已經出現了。高濱先生又論道，「以斯基泰文化為代表的初期遊牧民文化，是先在南西伯利亞興起，之後才逐漸波及包括黑海沿岸在內的各地。」

在阿爾贊古墳中發現了許許多多的文物，其中之一是西元前九世紀到前八世紀的鄂爾多斯式青銅器；在它上面，重現了動物呈圓弧狀蜷曲身體的模樣。與此十分相似的物品，也在黑海北岸的克里米亞地區出土。雖然那是西元前六世紀後半的東西，不過也是動物蜷曲身體的圖樣。兩者的類似性，在東起蒙古高原、西至黑海沿岸，性質相當均一的短劍等武器類、馬車與馬具也可以看見。從考古學上出土品的類似性，以及這些物品被製造以及傳播的時代差異，可以清楚說明在匈奴登場以前的遊牧民——也就是斯基泰文化，是成立於南西伯利亞，然後再往西傳播。事實上，古代希臘史家希羅多德在他的著作《歷史》中，就有寫到「斯基泰人是從東方出現」的說法。斯基泰是由東往西前進，在他們之後登場的匈奴、以及後面章節會論述到的突厥，也都是由東向西推進。

有關斯基泰的遺物，現在主要收藏在俄羅斯的艾米塔什博物館。艾米塔什博物館雖是以收藏十五世紀至二十世紀的西洋繪畫著稱，不過在它的一角，其實有一個展示區，靜悄悄地陳列著黑海與斯基泰遊牧民的收藏品。

這些收藏品都是俄羅斯帝國時代，在歐亞各地進行考古學調查之際蒐集而來的。大多數的觀光客都聚集在西洋繪畫的展示區，但我卻獨愛這個靜寂的「西伯利亞、黑海出土收藏品」展示區。

位在西伯利亞南部、阿爾泰山脈北部的巴澤雷克（pazyryk）古墳，共分為一號到五號墳，從中出土的各式各樣文物，也都收藏在艾米塔什博物館。

其中代表性的例子是馬車。正如前面所提到的，馬車傳播到東方支那的時間相當晚。但是在西伯利亞，則在相當早的階段便已透過草原路徑，從西方

艾米塔什博物館收藏、自巴澤雷克 5 號墳所出土的馬車。

傳入了馬車。其車輪和車軸，也大多是由青銅器所製成。

在巴澤雷克古墳的出土品當中，以幾何學模樣的刺子繡拼貼而成的毛氈，也是象徵性的物品之一。雖然這是南西伯利亞遊牧民所編織的產物，不過明顯有受到西方波斯絨毯的影響。從這件毛氈，正可證明他們與波斯之間，有相當密切興盛的文化交流。

巴澤雷克古墳出土、以拼貼方式繡成的毛氈。

在巴澤雷克二號古墳出土的另外一塊用作馬鞍墊子的毛氈破片上，有著「格里芬」襲擊羊的刺繡圖案。「格里芬」即為「獅鷲」，是一種上半身為鷲、下半身為獅的神話動物，其發祥地主要是從埃及到敘利亞的近東地區；而巴澤雷克古墳，則是位在公認距離格里芬發祥的近東最遠的東方。據考古學家林俊雄先生分析，「（巴澤雷克的這件）格里芬具備了希臘古典時期樣式的特徵，而完全看不出（波斯）阿契美尼德王朝的樣式所在。」（林俊雄《格里芬的飛翔》）

在這座年代約為西元前四五〇年至前四二六年的巴澤雷克二號古墳中，也發現了男女兩具遺體。由於巴澤雷克是位在永久凍土層地區，因此埋葬的遺體乃是以冷凍狀態被發掘出來。在這座古墳中也有人骨出土。令人深感興趣的是，在這當中，蒙古人種（黃種人）與高加索人種（白種人）是不加區別出土。在這個時代，不管是蒙古人種或是高加索人種，只要是遊牧民，都是處於同一文化。儘管人種、容貌與言語有所差異，但人們都被共通的價值觀牽繫在一起。只要抱持著斯基泰的價值觀，那你就是斯基泰人。這種思考方式自斯基泰文化的末期開始，一直到匈奴時代都未曾改變。

巴澤雷克 2 號墳出土的馬鞍墊子。

在巴澤雷克古墳裡發現、並被展示在艾米塔什博物館內的木乃伊（男性遺體），其上臂處具有刺青（見頁一三〇）。考古學者林俊雄先生，將這個刺青也解釋為格里芬，而且是混合了阿契美尼德波斯特徵與希臘風圖樣的格里芬。

綜合這些出土文物的特徵，林俊雄先生指出，巴澤雷克的年代若是西元前四世紀，則其希臘要素「並非透過波斯傳入，而是從黑海北岸直接通過草原地帶抵達阿爾泰」（林俊雄《草原王權的誕生》）。

前面已經敘述過，「鄂爾多斯—斯基泰—西伯利亞式青銅器」在這個時代廣泛傳播開來，格里芬的意象也是如此。由此可知，在斯基泰時代，從歐亞草原的東邊到西邊，由遊牧民所發想並不斷改良的短劍等武器、馬車馬具類、以及動物圖樣的藝術品，不只具有極高的均一性，同時也呈現了高度發達的文化（江上波夫《歐亞古代北方文化》）。

就在這種宏偉的歐亞規模背景下，接著登場的匈奴，與古代支那間產生了長期的互動。

匈奴所留下的遺跡之一，是諾彥烏拉古墳群。它是位在蒙古高原北部、首都烏蘭巴托北方靠近西伯利亞的森林當中。雖然匈奴是草原之民，不過也是森林之民；事實

巴澤雷克 2 號墳出土的男性木乃伊，身上的刺青部分。

上，遊牧民的足跡遍布在整個北歐亞地區。「諾彥」指的是「殿下」，「烏拉」則是「山」的意思，所以加起來便是「殿下之山」。換句話說，蒙古人早在發掘以前，就知道在森林裡具有埋葬神聖人物的古墳這件事實了。

在這片古墳中，發現了許多匈奴所使用的文物。比方說繪有格里芬圖樣的毛氈；

位在西伯利亞南部、蒙古國北部位置的諾彥烏拉附近的風景。在那裡豎有布里亞特蒙古人視為神聖的「黃金之柱」──也就是象徵著北極星的柱群。

匈奴諾彥烏拉古墳出土的毛氈。（出處：江上波夫《歐亞古代北方文化》）

同時也發現了漆耳杯，而且這個杯子的底部還刻有以「建平五年」為開頭的銘文。「建平」是「漢」的年號，建平五年相當於西元前二年。故此，這座古墳應該是匈奴的烏珠留若鞮單于逝世後，也就是西元十三年左右建造而成的（澤田勳《匈奴》）。看樣子，匈奴的單于應該同時喜歡漢的漆耳杯與波斯的圖樣。

◎匈奴與匈人是同源同族嗎？

在西伯利亞布里亞特共和國南部的吉達河遺跡也發現了匈奴的遺物，同時也有人骨出土。

匈奴人的樣貌，究竟是什麼樣子呢？

關於這點，我們可從艾米塔什博物館收藏的「西伯利亞、黑海出土」面具中窺見一斑。他們的下顎突出，面容是典型的蒙古人種臉；用日本社會的俗話來說，就是「繩文人臉孔」。其他的面具上則帶有刺青，和斯基泰人在手腕上刺青一

布里亞特共和國南部的吉達河遺跡。我在 1997 年 8 月 12 日，佇立於這個遺跡之中。

樣，匈奴人很可能也會在臉上刺青。

匈奴也留下了為數眾多的短劍。匈奴時代的短劍，可以解讀成在宗教上帶有某種意義。在黑海近郊、甚至是日本的琵琶湖附近都發現了「鄂爾多斯式」的青銅短劍。那麼，這種短劍是為了什麼目的而鑄造的呢？

艾米塔什博物館所展示、出土於西伯利亞南部的面具。匈奴與他們的祖先，或許就是長著這樣的面孔吧！

根據江上波夫先生的研究，匈奴的短劍明顯是使用在宗教儀式之上，其用途和斯基泰的短劍基本上是一樣的（江上波夫〈徑路刀與師比〉《歐亞古代北方文化》）。

江上先生特別關注的，是希羅多德的記錄（《歷史》）。

根據希羅多德所述，斯基泰人會使用一種稱做「阿西奈塞斯」的短劍。這種短劍是軍神阿瑞斯的象徵，它會被供奉在堆滿木柴的台子上，並以處死的俘虜作為犧牲獻祭。

根據古代支那的漢文記錄，匈奴使用的短劍稱作「徑路刀」。徑路刀是接受供奉的神聖對象，其形狀據江上先生的分析，與斯基泰的阿西奈塞斯極為酷似。

江上先生也主張，供奉徑路刀的證據，直到現在仍然存在於蒙古高原上。在蒙古高原的高地部分，經常會有稱為「敖包」（oboo 或 obogha）、用木柴或石頭積累而成的木石堆。敖包是蒙古人自古以來的崇拜聖地，據江上先生推測，對徑路刀的供奉，或許就是在敖包進行也說不定。從人類學的角度來看，雖然確實有供奉武器類的敖包，不過也有一些只是單純的石頭堆而已。

關於匈奴所舉行的各式各樣儀式，其記錄也保存在支那的《史記》與《漢書．匈奴傳》中。有一段記述是這樣的：「五月，大會蘢城（龍城），祭其先、天地，鬼神。秋，馬肥，大會蹛林，課校人畜計。」

「蹛林」是「土堆」的意思，「課校」指的則是「計算數量進行課稅」。確實，匈奴在「蹛林」和「龍城」舉行的公共祭祀，與後世蒙古人進行的「敖包祭祀」，在文化上可視為具有共通的要素。江上先生更依據上面的支那史書，指出蹛林就是斯基泰人供奉軍神阿瑞斯的祭台，從而連結出「匈奴與匈人乃是同源」的結論。

江上先生接著又運用古代支那的記錄，如《魏書》等，以及西方文獻和考古學的出土品，指出自西元前四世紀至後一世紀活躍的匈奴，逐漸向西移動，到了西元五世紀左右時，出現在鹹海與裏海一帶。之後，他們征服了阿蘭人，在五世紀以「匈人」之姿，於阿提拉率領下出現在潘諾尼亞平原，並進一步疾馳橫掃了整個歐洲。這樣的歷史學說雖然未免太過浪漫，不過從雙方在考古學上的出土品相當一致這點來看，其實也可說它並非全屬幻想。

相對於這種同源

祭拜武器的敖包。位於新疆維吾爾自治區天山南麓。

蒙古國東部的聖地敖包。

同族說，歐洲方面則有一段時間對此抱持否定意見。不過，在今日考古學世界中，匈奴與匈人乃是同源同族，這樣的學說仍然居於主流。

簡單說，在同一文化的西端，北匈奴於三五〇年左右殺害阿蘭王、奪取他們的國家；至四五三年阿提拉死去後，匈人帝國也隨之瓦解。在東端這邊，五世紀時，赫連勃勃建立了大夏、成為五胡十六國的一員。雖然有時代之差，不過匈奴仍然創造了帝國與文化，並在廣大的歐亞大陸全境留下了他們的子孫。

江上先生引以為匈奴、匈人同族說根據的出土品，乃是所謂的「鍑」。鍑被認為是儀式上使用的釜，廣泛分布於東起鄂爾多斯和米努辛斯克、西至匈牙利的地區。受江上先生觀點薰陶的林俊雄先生，在論文〈匈型鍑〉中作了以下的論述：

新疆維吾爾自治區阿爾泰地區出土的鍑。

匈型鍑的發展、傳播狀況，正可顯示出匈奴的一部往西方移動、以「匈」之名廣為人知，並活躍於北高加索、黑海沿岸，以及多瑙河流域的狀態。西元一至二世紀左右，原居蒙古高原的部分匈奴，於二至三世紀遷徙到中亞北部，並在當地停留了好一陣子；之所以如此，或者是為了累積實力，又或者是與當地的遊牧民更進一步產生了融合。接著到了四世紀後半，這股愈趨強大的勢力便一口氣從草原地帶西進，其演變過程大致如此。

這種見解也有《魏書》的記述作為旁證。隨著出土品的增加，以及對文獻的重新解釋，過去不過是諸多說法之一的匈奴、匈人同源同族說，現在也變得愈趨有力了。

匈奴在西元前三一八年，於支那的歷史中首度登場；在西方則於西元後四五三年，留下了匈人帝國瓦解的記錄；在鄂爾多斯之地，赫連勃勃於西元四〇七年建立了大夏國。這樣算起來，在超過整整六百年的時間中，匈奴實際上扮演了在歐亞大陸的東西之間，醞釀出均質文化與文明的重要角色。

讓我們再試著回顧這六百年間的支那。在這段期間中，支那頻繁出現王朝的更替；所謂改換皇帝姓氏的「易姓革命」[3]，接連不斷地發生。

日本人往往熱中於默背這六百年間中國的年號，卻對鄰近地區持續六百年的遊牧文化與遊牧文明毫不關心。文化與文明並無優劣之別，一味偏重萬里長城南側發生的事情，難道不會造成對歐亞大陸的理解有所缺失嗎？

根據萬里長城南側——也就是支那的記錄，匈奴是野蠻人，是「支那北方的少數民族之一」。可是，匈奴並非古代支那的少數民族。事實上，他們不只是存在於古代支那北部的民族，更是對遙遠西方的黑海地區、乃至羅馬帝國方面，都有重大影響的世界性民族。這點從蒙古國國立歷史民族博物館的展示就可一目瞭然，而蒙古人也都認為匈奴是自己的祖先。這除了是國家史觀，也是民族的共通認識。

現在仍然縱馬馳騁於蒙古高原的遊牧民，都能理解匈奴是自己的祖先；而他們也都抱持著一種思想，那就是不管匈奴也好、蒙古也好，都是和支那毫無血緣文化關係的存在。

三、匈奴時代的支那

◎迥然相異的女性觀

關於匈奴與支那在價值觀上的差異，從一段圍繞女性的逸事可以清楚得知。

漢朝皇帝劉邦過世之後，朝廷暫時由呂后掌握實權。這時，冒頓單于寄來一封書簡，上面提案道：既然冒頓單于乃是單身，而呂后也恢復單身，那麼雙方或許可以考慮締結親密關係。呂后聞言大怒，據說一度氣得要派兵征討匈奴。然而，冒頓單于的動作，在遊牧民看來不過是理所當然之事；畢竟，遊牧民的原則就是「若想追求女性，不說出口就太失禮」，冒頓只不過是忠實呈現這種文化罷了。

另一方面，漢朝皇帝則像是後來《長恨歌》所歌詠的一般，擁有「後宮佳麗三千人」的體制。在後宮這個封閉的空間內服侍皇帝的女性，全都是皇帝的妻子。然而，

3 易姓革命：古代支那以孟子等人的儒教思想為基礎，再搭上五行思想，從而為王朝興替作出解釋的一種理論。

三千人的數量未免太多了；於是畫家便為這三千人繪製肖像畫，好讓皇帝能夠從中挑選美麗的女子，而後宮女性也有很多人為了讓自己的畫作更美，紛紛贈送賄賂給畫家。在這三千人當中，唯有一位叫做王昭君的宮女，對此不屑一顧；之所以如此，是因為王昭君本身就是一位絕世美女。但是，畫家因為沒有收到賄賂，就故意把王昭君畫成醜女，結果漢朝皇帝完全不曾寵幸過王昭君。

這個時代，匈奴對漢而言，是攸關生死存亡的嚴重威脅，漢朝皇帝老是要靠著向匈奴進貢物品，才得以維持休戰狀態。這些供品除了茶和絹以外，也包括女性。皇帝捨不得向匈奴進貢美女，於是從畫集中，挑選了看上去是醜女的王昭君。

位在南蒙古高原的漢朝美女王昭君浮雕。畫面上的她手持琵琶，帶著悲傷的表情前往蒙古高原。然而，這不過是中國文人的夢想，實際上她在匈奴世界應該過得相當幸福才對。

當時的單于（匈奴君主）親自來漢朝迎接王昭君，漢朝皇帝這時才第一次看到王昭君的臉，頓時大感後悔。當單于把王昭君帶走後，皇帝立刻將畫家斬首。故事裡的王昭君，就是這樣一位會讓漢朝皇帝搥胸頓足、後悔不已的美女。

只是，在我的想像中，接下來的發展應該是王昭君歡天喜地嫁給了單于才對吧？當時的匈奴雖然與漢一樣，處於一夫多妻的社會，但他們的妻子並不像漢的後宮那樣生活在封閉的空間之中。這些妻子在草原上，各自擁有帳篷式的宮殿，單于則像後世的蒙古大汗一樣，得到妻子的許可，才能前去一親芳澤。假使妻子心情不爽的話，也可以拒絕大汗造訪。王昭君就這樣在匈奴之地終老一生，被認為是昭君墓的古墳在南蒙古有兩處，一處位在內蒙古自治區首府呼和浩特市近郊，另一處則位在我的故鄉——鄂爾多斯東部的達拉特旗。從昭君墳有好幾處這點來看，王昭君肯定深得遊牧民的心！

這兩座被視為昭君墓的古墳，都有個共通的名字——「青塚」。據澤田勳的分析，這個名字的由來是這樣的（澤田勳《匈奴》）：

> 依據《琴操》的傳承，這個名字的由來是昭君死後，在她的墓地上生長的不是匈奴的白草，而是漢地的青草，所以才這樣命名的。

《琴操》是後漢（東漢）讀書人所寫的「悲怨之書」，是一本對於中國人女性嫁給「野蠻的匈奴」充滿恨意的典籍。支那人將匈奴所在的蒙古高原描繪成長滿白草的不毛之地，但這完全是出於視覺的誤解與中傷。即使是青草，只要被風吹動，也會翻過來露出白色的背面，因此看起來像是白色的草原，卻絕非荒漠。

對支那人而言，將自己民族的女性進貢給強大的異民族，乃是一段屈辱的歷史。可是時至今日，支那卻以王昭君嫁給匈奴為藉口，振振有詞主張「匈奴自古便是我國的北方少數民族、蒙古高原也是我國的領土」。對於這種說法，劍橋大學教授、同時也是文化人類學者的烏．額．寶力格，則是一語道破：「歷史上，與異民族結婚的中國人女性，都會變成他們主張領土的武器。」（Uradyn E. Bulag, *The Mongols at the Chinese Edge*）不只是漢王朝對匈奴，唐的文成公主嫁給吐蕃贊普（吐蕃最高領袖）這件事，也被中國人拿來妄想，說「西藏自古以來便是支那的領土」，而完全無視於贊普同時也迎娶了尼泊爾妃子這個事實。

匈奴與支那，在精神世界上有著根本的差異。既然如此，那當匈奴與西方的遊牧民擁有共同的價值觀、且建構出均質的文化之際，與匈奴對峙的支那，又是抱持著何等的價值觀呢？

◎匈奴時代的支那道教

這時候的支那，道教非常興盛。在宗教學者當中，雖然也有人認為道教不是宗教，不過宗教民俗學者、東大名譽教授窪德忠先生等人，則認為它不只是宗教，還是唯一源自中國的宗教（窪德忠《中國宗教的受容、變容、行容——以道教為軸心》）。

道教是一種混合了「泛靈信仰」、「神仙思想」與「八百萬神明信仰」的宗教。人們認為信奉這種宗教可以達成「長生不老」，咒術的要素非常之強。

據窪德忠先生所言，道教可分為「道士的哲學道教」與「民眾的實踐道教」兩類。道士的道教包含了教學（宇宙的生成）、方術（占卜、咒術）、醫術（煉丹、長壽）以及倫理（戒律、祈禱）等成分。相較於道士道教，民眾道

聳立於內蒙古自治區鄂爾多斯高原最南端的中國人祖師廟。中國人每到一處殖民地，要做的第一件事必定是建設祖師廟。

教則非常原始。只要是能擊退惡鬼惡靈的人，就會被當成神來看待。民眾道教的神，可能是被權力者殺害的人、可能是被婆婆虐待自殺的媳婦，總之極為具體。

民眾道教分成好幾個道派，每個道派各有其教祖。祀奉這些教祖的祖師廟，在中國幾乎是隨處可見。在我的故鄉鄂爾多斯高原南部、靠近萬里長城北方的祖師廟（見頁一四三），祀奉的是神農氏。神農氏是藥王，據說也是炎帝。傳說神農氏在生前親嚐百草，可分辨藥草或毒物，因此祂的肖像總被描繪成含植物在口中的模樣。

在中國和中華民國台灣，道教的寺廟被稱為「道觀」。在這些廟前，多半會設置龍形的雕像，祂是超自然的水之守護神。媽祖也是道教經常祀奉的神明，是掌管航海安全的女神。

據說媽祖原本是十世紀後半福建省一名姓林的巫女，當時巫女陷於昏睡狀態，直

中國人祖師廟內的神農氏像。

到母親搖晃才醒來。據她說，她在夢中正在祈禱；母親問她祈禱些什麼，她說父兄的船遭難了，要拯救他們。結果父親得救了，但因為母親的干擾，所以沒能救到哥哥。

結果，這件事真真切切發生了。當船隻回到港口時，父親平安無事，但兄長卻亡故了。這位林氏後來演變成媽祖，在蒙古人的元朝時由皇帝御頒為「天妃」，到了滿洲人的時代又被賜予「天后」等形形色色封號，地位更加提升（窪德忠《道教的眾神》）。這是將富有具體性、屬於民間信仰性質的道教神明，加以政治化的舉動。

道教的八百萬神中也有觀音菩薩。觀音菩薩原本是佛教的神明，不過道教也能接納佛教的神明。

為什麼道教會在這個時代的支那誕生，且普及於支那大地呢？

道教誕生的時候，支那正好處在人們對專制政治嚴重懷疑的時代。王朝不斷更迭，人民的生活也因此極不安定。於是，支那人開始問：這到底是為什麼呢？最後他們得出答案，原因是有人招來惡鬼和惡靈，而能擊退這些東西的人就能成為神。於是，他們開始把鎮壓邪惡的人物當成神來祀奉。

道教開始有教團組織是在二世紀，也就是和匈奴西進的時期相當。當時在華北有個名叫張角的人，建立了稱為「太平道」的組織。這個以人口過剩和困窮為背景，由城市貧民層組成的祕密結社很快擴散開來，成員會互相提供住處與食物，彼此團結一致，而在成員之間，也有可供彼此確認的暗號。張角在西元一八四年，將這些成員組織成軍，對政府掀起了「黃巾之亂」，但遭到漢朝鎮壓。和太平道並列、另一個廣為人所知的古老道教是「五斗米道」，興起的時間也是二世紀，場所是在支那南部的江蘇省一帶。

這個時代，支那業已開始推動儒教的國教化。只是當時，儒教僅流傳於能讀漢文的少數菁英之間。對支那庶民來說，講到宗教，還是口傳的道教。

道教相信人死之後會成為神，但匈奴以及斯基泰則完全沒有這種信仰。

匈奴信奉的是薩滿教，具有同樣價值觀、文化的斯基泰，應該也同樣是薩滿的信徒。

遊牧民社會是實力社會，換句話說就是平等的社會。因為土地不屬於個人所有，所以也不會有憑藉不動產發家致富的事，從而不會產生極端的貧富差距。在這裡沒有貧富貴賤之差，有的只是實力之別；而實力能夠傳達多遠，是看這個人擁有多少對廣大世間的知識而定。重視知識更甚於財富，這就是遊牧民的社會。

當然，隨著這種知識累積，在遊牧民中也會誕生權力者；可是這些權力者，乃是透過選舉選出的。單于或可汗（汗）雖然大多是由特定的家系所世襲，不過像是前述殺害父親的冒頓，也是透過選舉獲得單于地位的。

相對於此，在支那，就像道教誕生的背景一般，存在的是一種金字塔型的權力結構；對此感到不服的人，則會組成祕密結社的宗教團體，在地下深扎抵抗之根。

宗教學者認為，支那的價值觀屬於「此岸」（現世）。它是為了這一世——說得更精確一點，是為了今日的自己——而生，而非為了來世、將來、或者他人而生（岸本英夫編《世界的宗教》）。

長生不老是為了自己，即使在現世追求到財富，也是把這些財富緊握在手中，獨占不與他人分享。這和匈奴攻擊支那或波斯後，將獲得的戰利品平等分配的作為，呈現出明顯的對照。

◎法輪功與道教的類似性

道教的精神也深深浸染到現代中國。

中國的一般家庭在農曆新年時，多半會在家中懸掛海報。有些海報上的圖樣，描繪的是長生不老的象徵——福祿壽三仙。甚至也有些海報，直接就把人民幣給畫上去，他們說這叫做「財源廣進」，也就是一種期望現世金錢豐裕的信仰。

「法輪功」是在江澤民總書記時代登場的「道教」。他們用氣功鍛鍊身體，目標是達成長生不老。這種宗教興起的背景，是源於醫療福利設施的匱乏與貧富差距。在江澤民掌權時代的中國，眾人平等的社會主義經濟幻想已經崩壞無遺，庶民甚至處於連看病都無能為力的狀態。在無可奈何的情況下，他們為了維持健康，只好靠自己的力量努力。這就是氣功崛起的主因。

說起來，法輪功就是現代中國的祕密結社。如同二世紀誕生太平道與五斗米道的背景成因，法輪功在民眾之間逐步擴大影響力。故此，他們與太平道、五斗米道一樣，也基於同樣的理由而受到權力者的鎮壓。

可是中國的領導者在腦子裡其實也潛藏著部分道教思想，只要是為了自己，他們也可以毫不猶豫地依附道教。正如李志綏所著的《毛澤東私人醫生回憶錄》描述般，身為共產主義者的毛澤東，非常相信「與少女性交可以長生不老」這種道教的傳說，並且積極實踐。而毛澤東讓庶民高喊「毛澤東萬歲」，也是一種個人崇拜。毛澤東死後也被神格化，蓋起了一座名為「毛主席紀念堂」、深具共產主義風格的建築。這並不是現代中國獨有的特徵——古代的秦始皇也在尋求長生不老藥、意圖成為神的手段中，清楚呈現了這種思想。

在中國，儘管領導人為了自己的幸福而利用道教，卻從不試圖解決同樣信奉道教的一般老百姓心中的不滿。因此，在中國基本上不成立政教一致的情況；另一方面，三大宗教（佛教、基督教、伊斯蘭教）則各自都有政教合一的經歷。特別是在古代歐洲，政治與宗教乃是齊心協力，共同解決庶民的心靈與經濟問題；然後到了近代以降，政教又彼此分離。可是不管中國或是中國人，都沒有辦法透過宗教，來解決庶民現世的苦難與來世的幸福。

宛若道教八百萬神明般被描繪的中國領導人們。以毛澤東為首，歷經鄧小平、胡錦濤、直到現在的習近平，這些人物都被加以神格化，而背景中的天安門也成了當代的神殿。

第四章

唐絕非「漢民族」的國家

西元8世紀左右

一、中央歐亞的突厥化

◎突厥帝國與唐的歷史關係

在西元六世紀到十世紀間，中央歐亞從東方草原部分開始「突厥（土耳其）化」，從西邊阿拉伯世界則開始「伊斯蘭化」。對於這種現象，歷史學家梅村坦先生有著以下的解說（梅村坦《內陸亞洲史的展開》）：

> 內陸亞洲的土耳其化，從首要意義上來說，是土耳其系文化的要素、特別是言語的擴張。就草原的情況來說、是已經確保牧地的人們，以綠洲和城市來說、則是在先住居民之間，其土耳其語逐漸滲透，並獲得優勢地位。不只如此，伴隨著人群的遷徙，歷經長時間的混血，結果連身體的特徵也開始產生種種變化。

關於上文中的「內陸亞洲」（內亞），本書稱之為「中央歐亞」。「突厥化」指的是在言語面上變成以說突厥語（土耳其語）為主，「伊斯蘭化」則是開始信奉伊斯蘭教。根據研究者的看法，這兩股強烈的波濤，幾乎同時席捲了廣大的草原與綠洲。

我的故鄉鄂爾多斯，在這時期也留名於歷史。這個地區因為不像日本列島那樣地震頻仍，所以在一望無際的廣闊草原上，至今仍能見到版築的城門殘跡。所謂版築，指的是藉由以土為建材、並加以使勁夯實的工法，堆出堅固的土壁和建物的基礎部分，然後再徐徐往上建造的建築法。在我家附近的宥州城址，就是版築建成的城市。

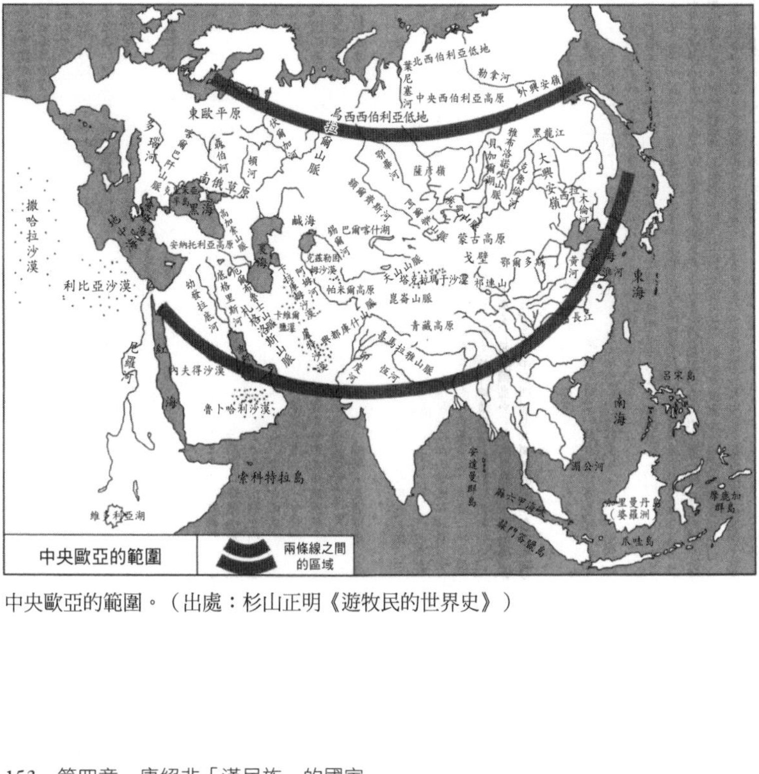

中央歐亞的範圍。（出處：杉山正明《遊牧民的世界史》）

宥州是唐設置的「六胡州」之一。唐把從中央歐亞的索格底亞那一帶遷徙過來的人（粟特人），分成六個州加以安置。前章已經略有提及，這六個州就被稱為「六胡州」。六胡州的「胡」和「胡人」，指的是從唐西邊（西域）、中央歐亞地帶移居而來的人們，因此他們也被稱為「六州胡」。六州的設置始自六七九年，最初是魯州和麗州、含州、塞州、依州、契州等陸續設立，接著在七三八年新設宥州（森部豐〈八世紀中葉～十世紀的北中國政治史與粟特人〉）。雖然州數隨時代變遷而有不同，不過六州這個統稱則是長久被使用下去。

宥州古城。

在宥州城殘壁嬉戲的歲月，是我少年時代鮮明記憶的一頁。蒙古人稱宥州古城為「Boro Balaghasun」，亦即「褐色的廢城」。它位於南北一望無際大草原的正中央，在東側有一條小小的河往南流，和薩拉烏蘇河合流。沙漠性草原由東到西伸展，在沙漠的正中央也有好幾個小湖。每到春天三月的時候，候鳥便會飛來此地稍作停歇，然後再繼續向北方的蒙古高原飛去。到了夏天，則可以看到平原上滿滿的牛、羊、馬和駱駝群。當時序進入霜降的秋季時，往南飛翔的雁群，便會以「人字形」的編隊方式，為青空添上幾許裝飾。

然而，當一九五九年突然入侵的中國人農民將古城周邊開墾成農地後，河流便消失了。隨著地中的鹽分湧上來，周遭的草原也日益劣化。於是，就像中國人踏足的所有地方一樣，這裡的環境也毫不例外地遭到了破壞。

◎胡人的胡州

讓我們再把話題轉回歷史。

對唐來說，六胡州乃是處於所謂「羈縻」政策之下。「羈縻」是「馬轡繩」的意思，也就是宛若手持轡繩、讓馬不致狂亂奔馳般，以一種較為柔軟的方式進行施政。相較現代中國共產黨對西藏、南蒙古以及維吾爾所採取的強權式異民族支配體制，唐的這種支配顯得相當和緩。簡單說，它就是一種由唐賜予各部族長官爵，藉以間接控制遊牧民的政策。

具體來說，住在這裡的人乃是粟特人。粟特人原本是居住在帕米爾高原西北的阿姆河與錫爾河之間的三角地帶，也就是所謂索格底亞那地區，其人種則是屬於古代伊朗系（波斯系），這些古伊朗系的粟特人，自八世紀中葉起開始移居蒙古高原。這段歷史在近年來，透過森部豐先生等日本歷史學者的努力而得以解明。

話說，二〇〇九年七月五日，在新疆維吾爾自治區的首府烏魯木齊，爆發了對中共政府的大規模抗議運動，我想各位對此或許還記憶猶新吧！這起維吾爾族人蜂湧而起，對支那人（漢人）或者說中國人展開襲擊的事件，讓全世界的視線紛紛聚焦在這個意圖從中國獨立的伊斯蘭系民族身上。為何這個地區現在會被中國人的中共政府所支配呢？關於這個問題，我們必須思考一下才行。

不用說，維吾爾人是信奉伊斯蘭教的突厥系民族，同時也是個和支那人一點都不相似的民族。

現今在中亞地區，有許多由突厥系人所建立的國家群。這些國家包括了哈薩克、吉爾吉斯、烏茲別克、土庫曼、亞塞拜然，以及土耳其共和國。他們雖然全都說著突厥系的語言，但唯一沒有建立近代國家的，就只有維吾爾人而已。現存的突厥系國家群，之所以會說著幾近同質的突厥系語言，乃是與以下的歷史背景有關：

六世紀時，在Türk人（對日本有漢文素養的讀書人階層來說，或許會覺得「突厥」這個稱呼比較熟悉）的故鄉，當地居民或者進行草原遊牧，或者在湧現融雪水源的綠洲地帶進行農耕。遊牧民講的是突厥系語言，農耕民則講印歐語系語言；儘管兩者之間的語言各自相異，不過卻保持著相互依存的關係。雖然突厥帝國在六世紀建立起橫跨蒙古高原至中亞的遊牧大帝國，但在他們的保護下，粟特人已經相當積極在從事東西交易。

◎象徵大地母神的於都斤之地

傳說，突厥是發祥於「於都斤之地」。《北史．突厥傳》中也有「可汗恆處於都斤山」的記載，因此日本的東洋史學者從以前開始，就一直為了確定於都斤山的具體所在地而絞盡腦汁。

一九九一年冬季的某一天，我回到故鄉鄂爾多斯進行人類學調查，當晚寄宿在某位長老的家裡。到了深夜時分，那位長老開玩笑說：「日本研究者都不懂女性的陰部嗎？」

「您說什麼？」我相當驚訝，於是立刻詢問長老話中的含義。這時，只見長老拿出了一本《內蒙古社會科學》雜誌的蒙古語版給我看——草原的畜牧民也愛讀學術雜誌的。長老閱讀的這期刊物上，剛好有篇某位日本東洋史巨擘所寫的〈於都斤山在哪裡〉的論文譯本。

「於都斤」在蒙古語的語源中，意思是「女性的陰部」，同時也有「大地母神、母親般的大地」之意。蒙古人民共和國誕生的偉大學者、曾經用十幾國語言發表研究成果的仁清，在他所編輯的薩滿教文本裡，頻繁地出現「大地母神於都斤」和「宛如神聖母親般的火於都斤」這樣的頌詞。除此之外，也有「於都斤母親生下的人們」以及「如父般的天、如母般的於都斤」這樣的表現方式（**Rintchen**, *Les Matériaux Pour L'Étude du Chamanisme Mongol*）（見頁一八一圖）。因為古突厥之民也有信奉薩滿教的時代，所以會有人類乃是誕生自「大地母神」的理念，也不足為奇。

「匈奴也好、突厥也好、蒙古也罷，人類不都是從於都斤生出來的嗎？」

長老對我這樣說道。不知在東洋史研究上活用人類學知識的日本大學者，他的努力與失敗，讓草原的長老在遺憾之餘，也感到相當不可思議；這是我在進行現場調查的過程中，一段相當有趣的回憶。

不過根據近年的研究者解釋，這處被突厥人比喻為「於都斤之地」的所在，或許是位於蒙古高原中央、杭愛山地中的某處。杭愛山地在蒙古高原、甚至是整個歐亞，都是最豐饒的地區，它既是連結歐亞東西的「草原臍帶」，也在文明史當中有著「遊牧中原」的稱號，由此可知此地的重要性（杉山正明《世界史上的遊牧文明》、小長谷有紀〈從地圖閱讀蒙古〉）。眾所周知，中原乃是古代支那視為「中興之地」的場所，也是被定義為「天下中心」的重地。實際上，杭愛山地及其周邊地區，自匈奴時代以來便是歷代遊牧民設置帝都的所在地，這也是千真萬確的事實。

除此之外，突厥還有自己的祖先是狼的傳說。從蒙古系的民族也認為自己是「蒼狼子孫」這點來看，以狼為祖先的神話，在兩民族之間可說是共通的。神話是人類原初思考的結果（李維史陀《神話與意義》）；既然同樣以遊牧為生，且具有共通的神話起源，那麼蒙古與突厥，便可說是同文同種的民族。

「天為父、於都斤為母。」

共同享有這種觀念的突厥系與蒙古系遊牧民，都視位在蒙古高原西部、堪稱中央歐亞背脊的天山為聖山。「天山」，在突厥和蒙古語裡分別稱作「Tengri Tau」和「Tengger Aghula」。「Tengri」是「天」，「Tau」和「Aghula」則是「山」的意思。

故此，「天山」這個中國語彙，乃是古代支那人直譯遊牧民所使用的語彙而來。聽到「天山」兩字，或許會想像成險峻奇拔的山峰，但其實它幾乎可算是「高原」，內部也有廣闊的草原展開。

當伊斯蘭教從西方傳入突厥人生活的地區，最早伊斯蘭化的，是居住在綠洲地區的農耕民；至於遊牧民因為喜愛自由奔放的生活，對於實踐嚴格的宗教規範則沒有那麼熱心，而且因為要遷移的關係，一天要做五回禮拜實在也有困難。故此，遊牧民的伊斯蘭化為時較遲。

另一方面，遊牧民所說的突厥語，則從中央歐亞陸續席捲各地。粟特人所說的古代伊朗系言語、塔克拉瑪干沙漠周邊綠洲城市人們所說的古代印歐系言語、以及東突厥斯坦東端支那人殖民國家所使用的支那語，都陸陸續續被突厥語所取代。就像這樣，如同前面所指出的，在六世紀到十世紀間，這些地區完成了突厥化的過程。

◎蒙古高原最古老的遊牧民文字

在此，請容我再次整理一下六世紀到十世紀間的歷史洪流。

西元五五二年，以貴族阿史那氏為中心的突厥，打倒了當時稱霸蒙古高原的蒙古系民族柔然，建立起突厥（Türk）帝國。這就是所謂的「突厥第一帝國」，首任君主為伊利可汗。「可汗」是「汗」的轉訛，意思是「帝」。伊利可汗建立起一個東抵渤海灣、西至裏海的大帝國；這個大帝國在五八三年因為內亂，分裂為以蒙古高原為根據地的東突厥，和以中亞為根據地的西突厥。

然後在七世紀中葉，兩者都被納入唐的支配下。（前述的六胡州被設置在我的故鄉、亦即今日的鄂爾多斯，也是在這個時候。）可是，在六八二年時，突厥系人與「胡」、「胡人」——也就是粟特系人聯手，成功地重新擁護突厥王室阿史那氏自唐獨立，並在現今的蒙古高原到南蒙古的陰山間，重建了祖國。這個新建的突厥帝國，被稱為「突厥第二帝國」，他們也在帕米爾高原以東的東突厥斯坦紮下了穩固的基礎。在這個帝國重建的過程中，「胡」、「胡人」、「粟特人」的商業網絡所提供、廣達歐亞規模的豐富資訊，扮演了很重要的角色。在此同時，西突厥斯坦也漸漸地興起（森安孝夫《絲路、遊牧民與唐帝國》）。「突厥斯坦」的意思，就是「突厥人的國土」。

在烏蘭巴托近郊、過去曾經用來播放向亞洲宣傳的莫斯科廣播的舊蘇聯軍基地一

烏蘭巴托近郊的暾欲谷碑。

帶，現在也可以看到突厥第二帝國的石碑。這塊石碑被稱為「暾欲谷碑」，暾欲谷是重建第二突厥帝國的大功臣，他在受唐羈縻的期間，有一個支那名字「阿史德元珍」，並被唐監禁在鄂爾多斯附近。

暾欲谷碑上乃是用突厥文字（現在也稱為盧恩文字）雕刻而成，這是現階段所能確認到，蒙古高原最古老的遊牧民文字。

這篇碑銘的內容，大概就是敘述暾欲谷如何驍勇善戰、辛苦自唐獨立、並重建突厥帝國。換句話說，這就是暾欲谷以第一人稱，敘述自己生涯戰功的紀功碑。歐亞的草原地帶，乃是英雄敘事詩的沃土；在民間，流傳著各種民族英雄轉戰各地、守護國土、成功組織人民的故事。暾欲谷碑銘，可以說是這種遊牧民文學的先驅。

突厥人銘刻自身歷史的紀念碑，在烏蘭巴托以西的鄂爾渾河遺跡（Khöshöö Tsaidam）中也可以看見。Khöshöö Tsaidam 在蒙古語中，是「有石碑的草原」之意。

顧名思義，這裡也聳立著古代突厥先驅者所留下的石碑。

◎從嘎仙洞刻文回看鮮卑源流

在 Khöshöö Tsaidam，有第二突厥第三代君主毗伽可汗的弟弟、也是當時重量級人物闕特勤的墓，在墓的周圍則豎立著石碑。這座石碑也是用突厥文字刻成。至於其內容，則是闕特勤留給突厥人民的「警世之言」：

> 絕對沒有比於都斤山更好的地方了。

即使在這裡，也可以看到闕特勤對「如母親般大地的於都斤」的稱讚。石碑豎立的 Khöshöö Tsaidam 西邊，有向北流淌的鄂爾渾河。在

聳立在 Khöshöö Tsaidam 的闕特勤碑。

這條河的西邊，則是古代回鶻人的城市群，以及蒙古帝國的首都——哈拉和林。換句話說，杭愛山中的「遊牧中原」，其具體位置就是在鄂爾渾河的豐美草原地帶，而闕特勤選擇作為「永眠之地」、並留給後裔「警世之言」的地方，也必定就是於都斤了。

> Tabugachi的人嘴巴很甜、他們的絲綢很柔軟。他們就用這種甜言蜜語和柔軟的絲綢，把遠方的人民給招攬過來。等到這些人在附近住下來之後，就開始用邪惡的智慧驅使他們。在這種甜言蜜語和柔軟絲綢的欺騙下，有很多突厥人民因此而死。

關於「Tabugachi」，一般認為是「拓跋」的突厥發音。說到「拓跋」，他們原本是遊牧民「鮮卑」系集團裡的一個氏族。鮮卑是在西元前三世紀到西元後六世紀，活躍於支那東北部到蒙古高原間的騎馬遊牧民族。在五胡十六國與南北朝時代，他們南下在支那北部建立了北魏等王朝。

北魏到第五代獻文帝為止，一直維持著所謂「國姓」（鮮卑人本來的姓名），但後來便漸漸變質為支那風的姓。建立隋的楊氏一族與建立唐的李氏一族也都是「鮮卑」，包括拓跋在內，他們的出身都是遊牧民；不過對當時的突厥來說，拓跋已經變成了「擅長謀略的支那人」的代名詞。同樣是遊牧民，闕特勤卻相當明確地將支那化的拓跋視為不可信賴、甚至是邪惡的存在。

在闕特勤刻上這些話的石碑背面，另外有用漢文書寫的銘文，其內容與用突厥文字書寫、傳遞給突厥人民的訊息，可謂天壤之別。那上面書寫的內容，盡是些強調突厥與唐（Tabugachi）應保持和睦、相互友好的話語。

在這裡稍微講點題外話。

在內蒙古自治區東部、呼倫貝爾市內的大興安嶺，有一條名為「Gegen Gol」（根河）的河。在根河沿岸的斷崖絕壁間，有一處名為「Gashun Agui」的洞窟，中國話稱為「嘎仙洞」。Gashun 在蒙古語是「苦」，Agui 則是「洞窟」的意思。當地的蒙古人這樣告訴我，Gashun Agui 即是「在洞裡面有苦泉湧出」之意。中國考古學者在一九八〇年時，於這座嘎仙洞裡發現了刻文，旋即震驚世界。這篇刻文的內容，是北魏帝室明確闡述自己從拓跋鮮卑以來的源流。歐亞史家杉山正明先生，對此有以下的論述（杉山正明《疾馳的草原征服者》）。因為這些對現今愛好歷史的讀者來說已是常識，所以在此僅簡單引用：

> 說到底，唐本來就是延續自拓跋、北魏的系譜。代國、北魏、東魏、西魏、北齊、北周、隋、唐，這一連串的政權，全都是屬於鮮卑拓跋氏的系統。故此我認為，以「拓跋國家」之名來總覽之，才是最接近歷史事實的看法。西方人稱「拓跋國家」為「Tabgaç」……（中略）故此，唐乃是非漢族出身的「中華王朝」，而作為其源流的拓跋氏，正如前述的「故事」般，乃是發源於嘎仙洞。

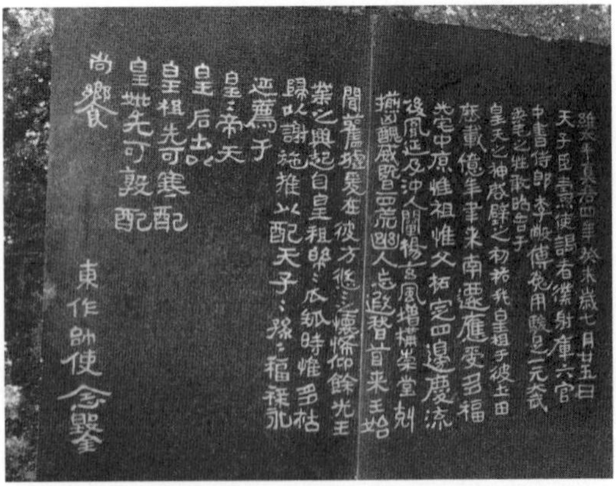

Gashun Agui（嘎仙洞）的石刻碑文拓本。記述北魏帝室乃是源自鮮卑。

突厥也不把唐看成支那人的王朝，而是將他們當作以嘎仙洞為源流的拓跋鮮卑人來理解。就算是在唐的羈縻下、從屬於唐的時候，突厥也不稱唐帝為支那「皇帝」，而是按照草原的成規，稱其為「Tangri Kagan」（天可汗）。因為他們是鮮卑系的可汗，所以稱之為 **Kagan**（從刻文中，可以確認 **Kagan** 應該寫作「可寒」），乃是再適合不過了。

正如上面已經指出的，唐的皇帝、同時也具備遊牧民可汗身分的李氏一族，乃是出身自鮮卑，對於這件事他們本身也有充分的自覺。正因如此，這也引發了後來對歷史的改竄。歷代王朝的史書編纂者，都極力隱瞞他們乃是出自古代支那人視為野蠻民族的「鮮卑」一事。

這種歷史的篡奪，即使在我於內蒙古自治區進行調查的一九九〇年代以降，仍然在現代中國持續進行中。在中國曾經有一部相當流行的連續劇叫《唐王李世民》，內容以「我們漢民族的中國歷史中最璀璨的時代就是唐朝」而自負，同時主張「唐是開放的帝國，就算是日本，也曾派遣唐使阿倍仲麻呂來華，並在中國參與科舉試驗合格、任官於唐」。

但是在這之後，他們對於自己口中璀璨的唐朝，並非由「漢民族」而是「鮮卑拓跋人」所樹立的事實，只是輕描淡寫地一筆帶過，然後又繼續大張旗鼓稱讚唐朝。

既然如此，那到底什麼才是「中國四千年」的依據呢？繼唐之後最璀璨的是元，但是元毫無疑問是蒙古人的王朝。結果正如〈第一章〉所述，那麼，現代中國根本沒有作為「漢民族」而值得獨自誇耀的歷史存在。

◎遊牧民的紀念碑——石人

若要理解歐亞草原突厥人的精神世界，就不可忽視「石人」（石刻的人像）的存在。石人看起來像是豎立在草原上的石頭，不過在上面刻有人的形貌，這是它最大的特徵。石人不只有眼鼻，還穿有衣襟的服裝。好比位在蒙古高原西北部阿爾泰山東麓的石人，據考古學者林俊雄先生說，石刻服裝屬於粟特風格，石人綁有皮帶，左手拿著象徵遊牧民的小刀，右手則可以看見拿著像是玻璃製的精細酒器。

那麼，這個石人是誰呢？林俊雄先生在著作《歐亞的石人》中，作了以下的敘述：

關於考古學資料中的石人究竟作何解釋，這個問題從以前到現在，一直有兩種相互對立的說法。其一是，將死者生前殺死的敵人以石人來表現；根據這種說

豎立在蒙古高原西部、阿爾泰山脈東麓的兩尊石人。

法，從石人往東方延伸的石列也代表被殺的敵人，所以石人與石列中的立石意義是一樣的。另一種說法則認為，石人就是代表死者本人。

作為前者的根據，林俊雄先生參考了《周書》的記述。《周書》寫道，當（遊牧民戰士的）葬禮結束之後，會在墓地豎立石頭，至於石頭的數量，則是對應他生前的殺敵數。

後者的根據則是《隋書》。上面寫的雖然是「對死者的肖像加以描繪」，不過若稍微擴大解釋，則石像應該也能包含在內。

豎立在蒙古高原西北部、西伯利亞南部圖瓦共和國的石人。

既然埋葬的是突厥戰士，那麼假使前者的解釋適用，則石像為何只有一尊，這就很讓人想不透了。畢竟一名戰士在生涯當中，打倒的敵人應該很多才對，那麼為何不豎立好幾座石人？這就很

蒙古高原西部古墳前豎立的石柱行列。一般認為，這是古代突厥人為死者豎立的 Barubaru。

位在蒙古高原中央、汪古地區的突厥時代板石墓。上面可以看見斜格子圖樣。

汪古草原的石人。

奇怪了。更進一步說，石人的手上既然持有酒杯，那就毫無疑問可以把它想成「即使到了另一個世界，也可以暢飲馬奶酒」的意涵。故此，照我的解釋，石像應該是代表被埋葬的人物才對。

然而，我們也未必能斷言說，《周書》的記錄就是錯誤的。在石人的附近，有著被稱為 Barubaru 的石柱，並排在一條直線上。也有一派學說認為，這些 BaruBaru，或許正是《周書》所說對應生前殺敵數的石頭。

關於石人乃是被埋葬者的根據，在《周書》中還有一處可作為佐證，那就是憑弔死者的方式。當追悼死者之際，人們會在帳篷的周邊繞馬七圈，每當通過帳篷入口前時，便邊用刀劃傷自己的臉、一邊哭泣——這和斯基泰人表現哀悼的方式相同。果然，遊牧民傳統的喪祭儀式，乃是東西一致，一路相傳到突厥時代的。

話說回來，雖然到此為止介紹的「暾欲谷碑」和「石人」等，都是在蒙古高原上發現的，但在東突厥斯坦，按照當時的情況想來，應該也留有相當多石人才對。

天山 Mongo kürei（昭蘇）的石人，下半身刻有粟特語的銘文。

在新疆維吾爾自治區的天山山中，有一處被稱為「Mongo kürei」（昭蘇）的地區。在這裡也發現了左手持刀、右手持酒器的石人。不只如此，在這尊石人的下半身，還刻有粟特語的銘文，使得這尊石人聲名大噪。

根據解讀出來的銘文內容，

這尊石人是泥利可汗時代的產物。泥利可汗是西突厥的領導人，於五八七至六〇四年間擔任可汗。有人認為，這座石人所在的古墳，或許就是泥利可汗本人的墳墓。這尊石人的髮型也相當具有特徵，那就是它留著「辮髮」（大澤孝〈西突厥的粟特人〉）。

不用說，「辮髮」主要是蒙古（蒙古高原）周邊男性的髮型。他們會將頭髮除了一部分以外全部剃光，並將剩下的頭髮紮成辮子，讓它垂在腦後。不過，古代的突厥系遊牧民，也有辮髮的風俗。這和《周書》、《隋書》中記載，突厥（Türk）「被髮」（辮髮）的記述是一致的。

◎唐從中亞撤退

在八世紀中葉，東突厥與西突厥陸續滅亡。雖說是滅亡，就東突厥的部分，不過就是阿史那氏將支配權讓給回鶻氏，並且改個名字叫回鶻帝國而已。只是，也有些突厥人對此感到不滿，因此往西遷徙。

七五五年，唐朝爆發「安史之亂」。出身粟特與突厥混血，精通六種語言，侍奉於唐的粟特系人安祿山，與同鄉且境遇相同的史思明一同起兵，以「打倒楊國忠」

（楊貴妃的親族）為口號掀起叛亂。這場叛亂持續了九年，最後唐請求回鶻幫助，才終於將叛亂鎮壓下去。

順道一提，安祿山的「安」，指的是「安國」（布哈拉）出身的意思；史思明的「史」，則是「史國」（羯霜那）出身的意思。布哈拉和羯霜那，都是索格底亞那綠洲國家的名字。此外，「祿山」在粟特語裡念作「roxšan」，是「光」的意思，而史思明的名字也有「思慕光明」的意思；換句話說，他們兩人的名字，都與主張光暗二元論的祆教信仰體系之間有所關連（杉山正明《疾馳的草原征服者》）。

不管怎麼說，回鶻解救了唐的危機。而在這時，也有一些回鶻人移居到唐地，在經歷安史之亂千年以後，這些回鶻子孫仍然居住在被認為是桃花源原型的湖南省桃花源這個地方。他們都是伊斯蘭教徒，直到中國在一九四九年建立中華人民共和國為止，都一直擁有自己的清真寺。

◎歐亞東部的國際性

回鶻帝國的人於七五七年，在蒙古高原中央的色楞格河畔，興建了一座名叫「白八里」（Bay Baliq）、供粟特人與支那人使用的城市。「Bay」在突厥語中是「富貴」，「Baliq」則是「城」的意思。歷史學者松川節先生指出，「回鶻是北亞至中亞遊牧國家中，第一個建起都城的……這和中國人與粟特人熱烈前往蒙古高原，從而將城市生活文化傳入草原不無關係。」（松川節《圖說・蒙古歷史紀行》）現在，白八里在蒙古語中被稱為「Khara Balghasun」，意思是「黑色的城跡」，這裡的「黑」，乃是「廢棄無人居住」的意思。

當回鶻成為大帝國的時候，東亞進入三大帝國——回鶻帝國、唐王朝、吐蕃帝國——鼎立的時

聳立在蒙古高原中央鄂爾渾河西岸的古代回鶻人城址——鄂爾多城都「白八里」。

白八里殘存的遺物。

代，各自維持著自己的榮景。

可是，日本或許是受到這時期與唐之間密切交流的影響，對唐往往給予過大評價，認為當時西方的大國只有唐，卻對回鶻與吐蕃不屑一顧（森安孝夫《絲路、遊牧民與唐帝國》）。然而，唐因為是與匈奴有淵源的鮮卑拓跋系王朝所建，除了不是單一漢民族組成的國家，還是個國際色彩強烈的國度。在這點上，唐毫無疑問，也是屬於中央歐亞型的國家。

若要論及唐的國際色彩，我們可以舉一個簡單易懂的例子，那就是高仙芝（？～七五六年）這個人。在七五一年唐與伊斯蘭軍對峙的「怛羅斯之役」中，率領唐軍的就是高仙芝，而他是朝鮮半島高句麗系出身。

由遊牧民家族統治、以朝鮮半島出身者率領包含支那人在內的軍隊與阿拉伯人作戰、任命日本人阿倍仲麻呂擔任秘書監以掌管皇家經籍圖書，……，這個國度，就是鮮卑拓跋系的唐王朝。

順道一提，在唐軍於怛羅斯（塔拉斯河）之役被擊敗後，伊斯蘭勢力遂囊括了粟特人根據地的阿姆河、錫爾河地區，並將帕米爾以西的綠洲地帶西半部納入勢力範圍。隨著這種發展，連結歐亞東西的通商網絡遂不再由粟特人、而是轉由信奉伊斯蘭教的穆斯林商人所支配。也因為如此，伊斯蘭教遂在粟特人與突厥系民族間擴散開來。隨著唐軍在「安史之亂」與「怛羅斯之役」的敗北，唐對中亞的經營不得不後退。

在此暫且擱下話題，談談另一位在日本也家喻戶曉的唐朝人物——詩人李白（七〇一～七六二年）。李白出身於中亞，之後移居唐帝國。也有研究者認為，他或許有突厥的血統。

另一方面，據岡田英弘先生說，同時代的詩人杜甫（七一二～七七〇年）雖然是支那人，但受到以突厥語表現的詩歌影響，從而創造出獨特的漢詩。說到底，他們所吟詠的漢詩，和支那自古以來那種死板的詩句大不相同，反而接近以突厥為首的遊牧民世界的偏好，常用頭韻和腳韻配合。於是，在李白和杜甫引進突厥文化的情況下，漢詩產生了重大革命，也在漢字文化圈中創造嶄新的表現手法（岡田英弘《閱讀年表‧中國的歷史》）。

可是，富含多樣性的唐帝國，之後漸漸喪失了其國際色彩。他們一方面重用「漢民族」，變得愈趨支那化，視野也隨之愈發偏狹短淺；另一方面，在前述的「怛羅斯之役」那場世界大戰中，他們遭到擊敗，也使得中央歐亞決定性地倒向伊斯蘭化。接著在七八九至七九二年間，歐亞三大帝國中殘餘的兩個——回鶻與吐蕃，在天山北麓的別失八里（Bechbaliq，土耳其語「五城」之意）進行決戰。現今在別失八里，還留有如其名般的五座城址殘骸，但一九四九年以後隨著中國人（漢人）踏足該地，遺跡也遭到農民所破壞。關於這場戰役的勝利者究竟是誰，歷史學家之間的看法相當分歧。不過，以此為契機，天山南北——也就是現在的新疆一帶——逐漸突厥化，最後遂出現了東突厥斯坦。

位於新疆維吾爾自治區首府烏魯木齊市東行處的別失八里城址。遠處可以眺望到天山。

◎遊牧民的弱點

事實上，乘馬東奔西走的遊牧民，在面對自然災害時相當脆弱。特別是雪害（Jodo），更是他們的致命弱點。

「要打倒英雄，只要一支箭就足夠；要打倒遊牧民，只要一晚的雪就足夠。」在遊牧民間有著這樣的俗諺。若是狂風暴雪持續一晚的話，羊等家畜群都會死光；即使在現今的蒙古高原，下雪也會造成羊群大量死亡。

作為遊牧民天敵的自然災害（大雪），在八四〇年也降臨到回鶻頭上；再加上內亂頻仍，使得國力積弱不振。這時，位在西伯利亞葉尼塞河附近的黠戛斯，其勢力日趨強盛，之後黠戛斯南侵蒙古高原，滅了回鶻帝國。失去居所的回鶻人往西遷移，和天山綠洲地帶的居民漸漸融合，使得當地突厥化的程度更深一層。接納回鶻人的西方民眾，放棄了自己一直說的印歐系語言，轉而使用突厥語。到了九世紀中葉，天山南麓的塔里木盆地也日益突厥化；幾乎也在同時，唐在九世紀日趨衰弱，到九〇七年終於畫下句點。

天山沿線的綠洲地帶，在宗教上也產生了變化。回鶻人大多數都信仰摩尼教，摩尼教是生在南巴比倫地區的摩尼（二一六～二七七年）受到神的啟示後，在薩珊王朝波斯的保護下，以祆教為基礎、融合基督教聶斯托留派（景教）與佛教等各要素創立的宗教（岸本英夫《世界的宗教》）。可是，摩尼教並沒有如同突厥語將其他語言一掃而空般的威力。不久後，在天山地區便形成新的摩尼教與自古以來

天山南麓的克孜爾石窟（千佛洞），前面立有佛典翻譯者鳩摩羅什的雕像。

的佛教並存的局面，而回鶻人也逐漸改宗佛教。在天山，語言的突厥化與宗教的佛教化是同時進行的。現在殘存在天山的石窟寺院，全是佛教文化開花結果的產物。

另一方面，說起西突厥在這時候的狀況，也是一樣處在突厥化與伊斯蘭化並行的情況下。伊斯蘭教不久後越過帕米爾山脈，進入東突厥境內。今天新疆維吾爾自治區的吐魯番，直到十五世紀前半為止，都是佛教與伊斯蘭教並存的景象。到現在還留有記錄，證實當時的佛教寺院與清真寺是面對面而建的。

二、中央歐亞的伊斯蘭化

◎從西方誕生的宗教盛行

在中央歐亞伊斯蘭化之前，廣受信仰的宗教之一是祆教（瑣羅亞斯德教／拜火教）。祆教是西元前六六〇年，由先知瑣羅亞斯德所創立，以崇拜唯一神「阿胡拉·

馬茲達」為主旨的宗教。「阿胡拉」是「主」，「馬茲達」則是「光」，所以可以將它視為信仰光明的宗教。

前面提到引發「安史之亂」的安祿山，當他在率領亂軍時，也曾自稱「光明之神」，這也展現了祆教信仰的一面（杉山正明《疾馳的草原征服者》）。

根據記錄，祆教是在後漢（東漢）時，由粟特人移居支那所傳入。進入唐朝之後，因為突厥提升其影響力的緣故，祆教在歐亞地區與支那都很盛行。六二二年時，長安和洛陽都留下建造「祆教寺院」的記錄——祆教，即是支那語對「瑣羅亞斯德教」的稱呼。除此之外，我們還知道在敦煌和武威，也有祆教流傳。在長安、洛陽，以及幽州（北京的古稱），直到現在也還留有祆教的遺跡。

祆教也傳進了蒙古高原。蒙古從很早以前開始，就有崇拜火的薩滿信仰，居於眾神頂點的是火神 Khormusta。這位 Khormusta，一般認為就是

鄂爾多斯蒙古舉行拜火祭的景象。當祭拜火神時，會將駱駝額頭上的毛剪下來用以獻祭。

比利時皇家美術博物館收藏，蒙古語的古代拜火祭抄本。從上圖左邊開始的第六、第七行分別出現了「母親般的於都斤」與「於都斤之火」字樣；第二行則出現了「Khormusta天」。

阿胡拉・馬茲達的轉訛。

和祆教同樣引人注意的，就是前述的摩尼教。誕生於中東的摩尼教，在回鶻人之間廣受崇信。它也傳進了支那，但不久後便遭到鎮壓；不過在遊牧民之間，則是成功落地生根。

佛教在這時候也很盛行。在長安和洛陽，都留有和粟特人有關的佛教遺跡，以及粟特語的佛典。粟特語的佛典，一般認為是從漢語翻譯而來。六四八年，從印度歸還的玄奘在長安建立慈恩寺。當時收納佛像與佛典的大雁塔至今猶存。

基督教聶斯托留派（景教）則

是在六三五年由波斯人阿羅本傳入唐朝。

然後就是伊斯蘭教。薩拉森人（伊斯蘭教徒）於六五一年，派遣使者來到唐。

在唐，先是祆教和摩尼教興盛，接著佛教和景教東遷，最後是伊斯蘭教流傳、落地生根。換言之，從西方誕生的宗教與文化，在唐相當流行。

◎伊斯蘭的滲透

本章最初提及，「胡」、「胡人」指的是從西方前來的人物，其中又以粟特人為主；這些粟特人從西方帶進唐的文化，也都被冠上「胡」字，一直流傳至今天。胡桃、胡瓜、胡麻、胡椒，這些全都是西亞的植物和食物，同時也是粟特人等西方訪客所傳來的事物。胡坐（盤腿坐）也是西方傳來的。古代支那人穿著類似現今日本和服的寬袍大袖，戴著大帽子；對他們來說，跪坐不動是比較好的姿勢，因此當他們坐在地板上的時候，都是採取正坐（跪坐）的姿態。至於胡坐這種輕鬆隨興的坐法，則是遊牧民獨特的西方文化。

就這樣，透過交流、交易、戰鬥，歐亞漸漸地伊斯蘭化。

西元七世紀到八世紀間，阿拉伯軍開始征服中亞；怛羅斯之役，也是因為阿拉伯軍往東方征服而爆發的。唐在這場戰役失敗後，便開始衰退。不只如此，唐因為感覺到與阿拉伯軍之間壓倒性的力量差距，所以也放棄了歐亞型國家的姿態，轉而往漢朝的方向倒退，逐漸支那化。

當阿拉伯在歐亞的勢力日益強盛後，首先伊斯蘭化的是在西突厥支配下的伊朗系人們；其中最具代表性的，就是原本以祆教為國教的薩珊王朝波斯的伊斯蘭化（梅村坦《內陸亞洲史的展開》）。

薩珊王朝波斯（二二六～六五一年）是個相當有趣的王朝。他們的王室雖然是伊朗系，但實際的政權運作則是交由突厥系的馬木路克（奴隸）負責。講到奴隸或許會讓人產生誤解，但事實上宰相和軍隊司令官等要職，也都是由馬木路克擔任。即使身分低，只要有實力就可以占居高位，這就是馬木路克。薩珊王朝也很盛行與伊朗系和突厥人通婚，突厥人的存在感因此在該王朝漸漸提升。

薩珊王朝滅亡後，接下來是薩曼王朝（八七五～九九九年），波斯的伊斯蘭化更深一層。九九九年，薩曼王朝被喀喇汗國（十世紀後半～一二一二年）所取代。喀喇汗國是由原本身為馬木路克的突厥人，顛覆伊朗系的薩曼王朝而誕生的。就這樣，西突厥斯坦也宣告成立。

◎「獅子王」碑的發現

筆者在一九九二年夏天的實地調查中，也得以一窺伊斯蘭化的痕跡。在新疆維吾爾自治區西邊、靠近天山的地方，有一處名叫「夏塔」（shata）的地方。「夏塔」是「梯子」或「階梯」的意思，因為這是一處向天山山裡延伸、宛若梯子般節節升高的狹窄道路。

我們調查的目標，是古墳以及居住在附近的遊牧民。那年的八月二十四日，我為了前往夏塔古墳考察，而來到自附近天山流淌下來的河畔，結果有了意想不到的發現。當太陽西傾、夕照開始斜射之際，在河畔的一塊大石頭上，竟然隱隱浮現出文字。我原本以為這塊石頭在當地應該已經廣為人知了才對，但不論當地幹部也好、或是遊牧民也好，對它的存在都不甚明瞭。

有歐亞背脊之稱的天山山脈。遠處可以眺望到遊牧民心目中的聖山——汗騰格里峰（Khan Tengri）。

石頭上書寫的是阿拉伯文。經過當時在神戶大學的濱田正美先生（京都大學名譽教授）解讀，上面寫的是「阿爾斯蘭·卡迪爾·沙阿」這個名字。「沙阿」（shah）在波斯語中是「國王」的意思，阿爾斯蘭（arslan）則是「獅子」。據濱田先生的分析，這應該是喀喇汗國的一位沙阿（Masami Hamada, L'inscription de Xiate〔Shata〕）。

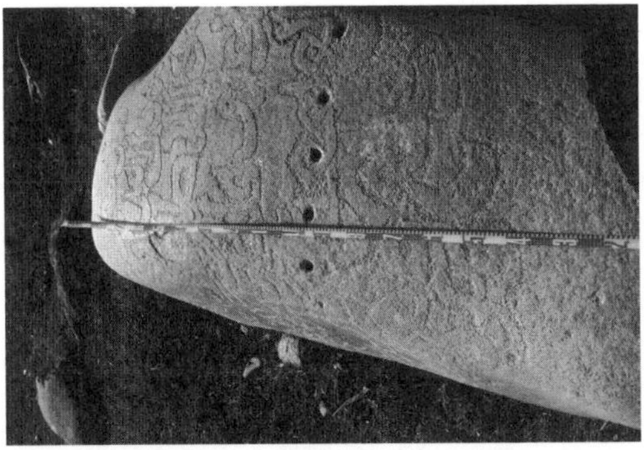

刻有「阿爾斯蘭·沙阿」，亦即「獅子王」名號的天山石碑。

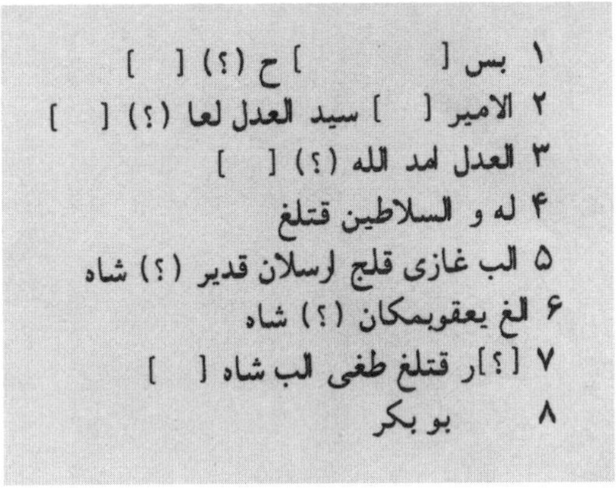

١ بس [ ] ح (؟) [ ]
٢ الامير [ ] سيد العدل لعا (؟) [ ]
٣ العدل لمد الله (؟) [ ]
٤ له و السلاطين قتلغ
٥ الب غازى قلج ارسلان قدير (؟) شاه
٦ الغ يعقوبمكان (؟) شاه
٧ [؟]ر قتلغ طغى الب شاه [ ]
٨ بو بكر

由濱田正美教授翻寫出來的夏塔阿拉伯語碑文。

獅子的阿拉伯語「arslan」之後也傳進蒙古語和突厥語中，並成為固有名詞；「阿爾斯蘭·沙阿」的意思就是「獅子王」。埃及前總統沙達特，也曾自稱為獅子。因為迄今為止有好幾位沙阿自稱「阿爾斯蘭」，所以在天山石頭上留下姓名的這位獅子王，並沒有辦法確定是哪位特定人物，但值得注意的是，他身為突厥系的國王，卻留下伊斯蘭姓名這件事。

更重要的是，這塊寫有「阿爾斯蘭．沙阿」的石頭，是在天山東側發現的。也就是說，石碑雖是由接受伊斯蘭教的西突厥斯坦突厥人所立，但這人卻已經越過帕米爾高原，出現在東突厥斯坦。這就意味著，西突厥斯坦的突厥人，把伊斯蘭教帶進了東突厥斯坦。事實上，雖然伊斯蘭的使者早在六五一年就已經造訪了唐，但當時尚未落地生根。隨著西突厥斯坦的持續突厥化，伊斯蘭教才在東突厥斯坦的突厥人之間日益傳布開來。

◎「西域」的虛構

即使到現在，新疆維吾爾自治區仍然是東西文化交會之地。當我在維吾爾進行調查之際，偶然在路邊瞥見一面海報，上面寫著大大的「西域」二字。「大美西域」（廣大而美麗的西域）雖是中國政府的宣傳，不過「西域」這個詞彙，其實從古代支那就開始使用了。大概是因為中國不想認可「突厥斯坦」（突厥人的土地）這個詞彙，所以才搬出「西域」當作政治上的招牌吧！然而這種稱呼法，其實也表示了所謂「西域地區」，並不屬於支那的一部分。

所謂西域，不過是個方位名詞罷了。而且，古代支那也把「西域三十六國」放在〈外國傳〉中加以記述。換言之，他們那種「西域」乃「中國自古以來固有領土一部分」的論調，根本就是荒唐無稽之談。

在獅子王碑所處的時代，東邊是鮮卑拓跋系集團建立的征服王朝「唐」，西邊則是突厥所建立的征服王朝「喀喇汗國」。無論西邊或是東邊，都是當初原本居於外部的遊牧民透過通婚等各種方式逐漸擴大勢力，最後打倒原本的王朝成為主流。

說到這裡，不知各位是否了解，現在中國正在新疆維吾爾自治區強制推動漢人與維吾爾人的通婚。因為穆斯林只能和穆斯林通婚，因此中國拚了老命，也要瓦解維吾爾人。以過去的情況來說，新疆維吾爾自治區的人口分布，維吾爾人約八百萬人，中國人、亦即支那人（漢人）約一千萬人，大致處於均衡狀態。

◎石人再次回歸草原

石人作為古代突厥人葬禮儀式的一環，一直殘留到後世。在突厥人席捲天山南北與帕米爾高原東西，將其化為名符其實的「突厥斯坦」後，蒙古高原上的遊牧民有好一段時間不曾在墓前豎立石人。然而，進入十三世紀後，在草原上再次出現了建造石人的集團。據考古學家林俊雄先生說，那是蒙古帝國時代從中亞西部往東移居的欽察人（波羅維茨人）所帶來的文化（林俊雄《歐亞的石人》）。

南蒙古（中國內蒙古自治區）元上都遺跡中所殘留、蒙古帝國時代的石人。

蒙古高原東南部蘇赫巴托省汪古郡的石人。

欽察人因為勇猛善戰，雖是移居者，也受到世祖忽必烈重用，並任命他們從事馬奶酒的釀造工作。這些欽察人所建造的石人，大多保留在蒙古高原東南部的蘇赫巴托省。元朝的夏都——上都，也位在那裡。

據蒙古歷史學者烏雲畢力格所述，「欽察」（Kipchaks）的「kip」，在中世波斯語指的是「紅」的意思，「chaks」則是意指「草原之民」，換句話說，「欽察」就是「紅褐色的遊牧民」。蒙古人自己撰寫的《蒙古秘史》中，也有關於欽察、阿速等中亞突厥系遊牧民族的記載。他們移住到東方的元朝後，被統稱為「喀喇沁」，意為「大汗的牧馬者」。這些「大汗馬群的放牧者」，負責馬奶酒的釀造工作。元朝滅亡後，喀喇沁人與其他蒙古人集團融合，慢慢轉變為後世的喀喇沁蒙古人（烏雲畢力格《喀喇沁萬戶研究》）。

這些喀喇沁蒙古人在邁入近世之後，於日俄戰爭前後時期，成為最早和日本產生接觸的集團。

第五章 三個帝國鼎立的時代

西元 11 世紀左右

一、遼、西夏與宋並存的時代

◎「國王的耳朵是驢耳朵」

在南蒙古的鄂爾多斯高原，靠近我老家的地方，有一處古老的城址。小時候聽大人說，那是「被成吉思汗滅掉的党項人的城址」。沙漠在城址的北邊不斷伸展開來；每當風吹起，從沙漠當中就會露出整齊排列的人骨。那裡所有的骨骸全都沒有頭部，牛羊不時會去啃食那些在太陽曝曬下散發白色光芒的人骨，之所以如此，或許是因為需要人骨內的鈣質吧！

說到党項（Tangut），乃是建立起在日本也頗為人知的西夏（一〇三八～一二二七年）王朝、屬於西藏（吐蕃）系的民族。他們的首都座落在鄂爾多斯與黃河西邊的興慶府、也就是今日寧夏回族自治區的首府——銀川市附近。

我小的時候，就常聽大人講党項的故事。在文化大革命如火如荼的時期，上課已經變成毫無意義的事，手邊也幾乎沒有值得一讀的書，只能每天聽著故事過日子。

在某個故事中登場的大汗，他的耳朵有一個特徵，那就是它們不管怎麼看都不像人的耳朵，比較像是驢耳朵。這位大汗因為不想讓自己耳朵的事洩漏出去，所以經常會殺掉替他理髮的理髮師。可是，被叫到大汗那邊的理髮師都會被殺掉，這個傳言依舊傳播開來。有一次，某個被指名的理髮師因為知道這件事，所以不只幫大汗剪了頭髮，還鼓起勇氣做了一頓飯給大汗吃。大汗對他做的菜很滿意，所以放了他一條生路，但是仍然不忘提醒他，要對耳朵的事情守口如瓶。

理髮師恪遵大汗的交代。可是，想把知道的祕密告訴某個人，乃是人類的天性，到最後他終於忍不住了，於是跑到一個老鼠洞邊，把這個祕密大聲喊出來。老鼠們全被他嚇了一跳，接著便開始熱烈討論起「大汗的耳朵是驢耳朵」這個話題——結果到最後，這件事還是傳得眾人皆知了。

現今寧夏回族自治區首府銀川市郊外殘存的党項王墓。它們位在賀蘭山南麓，採由北向南墓群並列的形式，和分布在蒙古高原到突厥斯坦間的古墳配置形式相同。

這個故事有許許多多種版本。一直到我長大，我都相信這是流傳在蒙古、與党項有關的寓言。不只祖母和雙親告訴過我，一九〇五到一九二五年間在鄂爾多斯活動的比利時籍傳教士莫斯塔德（A. Mostaert），在自己採擷、並翻譯成法語版的鄂爾多斯蒙古民間傳說中，也有收錄這個故事。莫斯塔德先生的民間故事集也有日文譯本，稱為《鄂爾多斯口碑集》。

我第一次聽說《伊索寓言》也有類似的故事，是我在九〇年代，於日本攻讀研究所時候的事。我到現在還記得當某個日本人指出這點時，我心中那種滿滿的驚訝之情。

我之所以沒有機會閱讀《伊索寓言》，主要是因為文化大革命當中沒有書籍的緣故。但是，所有的蒙古人事實上都不知道，〈國王的耳朵是驢耳朵〉這篇故事，曾經收錄在《伊索寓言》當中。或許是早在文字化成為《伊索寓言》之前，這個故事就已經流傳在蒙古的大地上了吧；但無論如何，我們都可以更加肯定地說，就像這個故事般，歐亞地區一直是人與文化往來薈萃的場所。當然，故事會從西往東、也會從東往西流動。在這一章裡，我們就要來探討或許是〈國王的耳朵是驢耳朵〉故事根源的党項（西夏）與契丹（Qitai）、宋，還有最後滅亡這三個國家、從而誕生的蒙古帝國。

◎大契丹國的興亡

十世紀到十二世紀左右的歐亞地區，一共有蒙古系的契丹所建立的遼（九一六～一一二五年）、党項建立的西夏（一〇三八～一二二七年），以及宋（九六〇～一二七九年）三個大帝國，其中的「契丹」和「党項」兩個語彙，至今仍然存在現代蒙古語當中。

現代蒙古語稱漢人（中國人）為「Qitad」（單數形為Qitai），至於西藏則稱為「Tangut」。可是，Qitai（契丹）原本指的是「大契丹國」，「Tangut」（党項）則是指和契丹幾乎同時興起的大夏帝國（西夏）。雖然我們還不知道為何會出現「漢人＝契丹」這種概念上的替換，但稱西藏人為「党項」，大概是因為党項人說的乃是西藏系語言之故吧！

契丹是在現今內蒙古（南蒙古）自治區以東、大興安嶺南麓遊牧的蒙古語系集團；在前章提及、用古代突厥語記錄下來的碑文中，他們也有登場。這個集團中誕生了一名領導者——耶律阿保機（八七二～九二六年）；耶律阿保機在九〇七年自稱「可汗」，亦即君王的稱號。對於耶律阿保機的姓名念法，至今仍未有定論，不過據杉山正明先生指出，應該很接近日文的「Yaritsuaboki」才對（杉山正明《疾馳的草原征服者》）。

在這之後，耶律阿保機於九一六年建立了大契丹國，之後又建國號為「遼」，因此大契丹國也以「遼王朝」的名號而為人所知。根據《遼史》，契丹的可汗耶律阿保機曾在九二五年冬天面見日本的使者，並在隔天也會見了高麗的使者。

大契丹國在九二九年征服渤海國後，將之改名為東丹國；而東丹國曾經派出九十名以上的使者，造訪日本的丹後。這種隔著日本海的使者頻繁往來，證明了日本在當時東亞動盪的國際關係中，也相當密切關注著情勢的一舉一動（荒川慎太郎等《契丹（遼）與十至十二世紀的東部歐亞》）。

這個由渤海國改稱的東丹國，在九三〇遭到大契丹國併吞滅亡。之後，契丹便統領著東起渤海國、西至帕米爾高原、北至蒙古高原、南至黃河流域的廣大土地。

大契丹國（遼）的居民，大概有一半是遊牧民，另一半則是以支那人為主的農民。為因應這種人口結構，大契丹國設「北面官」治理北部的遊牧民，至於南部的農民，則由「南面官」來管理；換言之，即是採行一種獨特的二重官制統治體系。

大契丹國在一一二五年為金國（一一一五～一二三四年）所滅。關於金，我會在下一章加以提及。

大契丹國滅亡之際，被迫逃亡的王子之一耶律大石（一〇九四～一一四三年）率領部眾北上，於一一二四年在蒙古高原重建勢力。一一三〇年，他往中亞地區移動，自稱古兒汗（又譯「菊兒汗」），建立西遼（松田孝一〈西遼與金的對立，以及成吉思汗的興起〉）。他在西遷之前的據點稱為haton（可敦城，意為「王妃之城」，位在蒙古國西北部。在這個動盪的時代，即使往西遷徙，契丹人也還是保持自古以來的傳統。

往西尋求活路的耶律大石，他所建立的西遼又被稱為「喀喇契丹帝國」（kara qitai，一一三二～一二一八年）。「kara」在突厥語和蒙古語裡是「黑」的意思，因此「喀喇契丹」用伊斯蘭教徒的稱呼，就是「黑契丹」，這也展現出他們強力的一面。這個喀喇契丹帝國，也被稱為「第二次契丹帝國」。

蒙古國西北部，鄰近過去「可敦城」的契丹時代殘存城址。

◎「死不認輸中華思想」的起源

另一方面，党項王朝的漢字名稱是「大夏帝國」，不過以位居歐亞東端的支那視角來看，則通常稱之為「西夏」。這個王朝的誕生，與為沉重生活負擔所苦的民眾掀起「黃巢之亂」（八七五～八八四年），導致唐的衰退有密切關係。

如前章所述，唐原本是鮮卑拓跋系的王朝，卻冠上支那的「李」姓，無止盡地支那化。這個鮮卑拓跋系的唐王朝，借重位於現在鄂爾多斯——當時稱為「夏州」——之地的某個拓跋系集團之力，鎮壓了黃巢。作為報酬，他們賜予這個夏州的拓跋集團和皇帝同樣的李姓，以及定難節度使的官職。所謂節度使，原本是唐為了防備周邊異民族而在邊境設下的募兵集團指揮官，但後來大部分都變成軍閥，並且割據自立。

在這種情況下誕生的夏州李氏一族，陸續吸收了党項等吐蕃系的集團，變得日益強大。大契丹國注意到這一動向，遂在九九〇年賦予統率夏州拓跋、党項兩大民族軍團的領導人李繼遷「西夏王」的稱號。

一〇三二年，李繼遷的孫子李元昊建立起獨立的党項國家並自稱國王；一〇三八年，他定國號為「大夏」（一〇三八～一二二七年）。如前所論，雖然在日本，它是以「西夏」之名為人所知，不過所謂「西」，其實是從大契丹國和宋看過去的方位所得出的稱號，因此做為獨立國家的名稱，還是以「大夏」這個名號稱呼較為合適。

大夏帝國在一二二七年，遭到成吉思汗所吞併，這時正是蒙古帝國的開幕時期（蒙古帝國的年代為一二〇六～一二七一年，之後的「元」朝則是一二七一～一三六八年）。只是，大夏作為國家雖然遭到滅亡，但拓跋系與党項系的人們，在這之後則是被蒙古帝國所吸收，與蒙古人融合並持續活躍著。

就在大契丹國崛起、到大夏帝國興盛的這段期間中，在唐衰亡的廢墟中，誕生了「宋」這個國家。

宋（九六〇～一二七九年）雖然是在九六〇年於南支那興起，不過相較於大契丹國的支配者幾乎全是蒙古系的契丹人、大夏帝國的住民也全是拓跋系與党項系的混血，宋人究竟是什麼人種，至今還沒有一個定論。中國人當然會說他們是漢人，可是歷史學家岡田英弘指出，這裡的「漢人」和漢朝的漢人，是截然不同的兩回事（岡田英弘《閱讀年表．中國的歷史》）。特別是在這個時代，南支那的人群流動相當劇烈，甚至也常常與今日的東南亞地區產生人種上的混血。

但，支那卻主張一種純血主義，堅持宋的漢人就等於漢的漢人；是故，歐亞當時的正統應該屬於宋，而大契丹國與大夏帝國，不過是「宋的地方政府」罷了——這完全是歪曲事實。

事實上，就如前面所提及的，大契丹國（九一六年建）不只比宋（九六〇年建）更早建立，領土也遠遠廣闊得多，其名號更遠及西方世界。西方不只知道契丹之名，就連對支那本身，也往往用「契丹」或者「Cathay」來加以稱呼。契丹人雖不是支那人，但用契丹稱呼支那，在某種意義上是正確的，畢竟支那北部有很長一段時間，都處在契丹人的支配下。

現在，以香港為據點的航空公司「國泰航空」（Cathay Pacific），它的「Cathay」正是「契丹」的意思。這也清楚證明了契丹在歐洲系的語言中，已經落地生根的事實。儘管如此，中國共產黨史家還是跟古代支那人一樣，強調宋是正統；岡田先生就明白指出，「這種死不認輸的中華思想，正是中國人病態自卑感下的產物」（岡田英弘《閱讀年表．中國的歷史》）。

二、熱愛「塔」的契丹

◎融合農耕與遊牧所產生的獨特文化

大契丹國共有五處都城：上京臨潢府、中京大定府、南京析津府、東京遼陽府，以及西京大同府。由於契丹屬於遊牧民，因此皇帝每當季節變遷，便會隨之轉移自己的宮帳。這是不喜定居於城市的遊牧民傳統，之後的成吉思汗，以及建立起帖木兒帝國（一三七〇～一五〇七年）的帖木兒（一三三六～一四〇五年），也都不會長久停留在同一居所，而是轉戰四方、遠征不休。

位在契丹都城上京臨潢府的觀音像。二戰期間日本考古學者走訪此地進行調查時，其頭部尚存，但如今已不復存在。

在五座都城中，上京位於內蒙古自治區的巴林左旗，瀕臨意為「黃（潢）色之河」的西拉木倫河流域。再從上京往西走，到了慶州，則可以眺望到美麗的雪山之巔；從那裡奔流而下的河川，直到現在仍然滋潤著氣宇恢弘的草原。契丹人在這處風光明媚的地方，修建了「慶陵」。山坡上叢生著灌木群，乍看之下只是片平凡無奇的草原風景，但事實上，這片風景早在千年以前，就已經留存在契丹王墓的壁畫當中了。當年契丹人所眺望的風景，與現今我輩所看見的景色，並無任何差異。一九三〇年代，出身東京帝國大學的文化人類學者鳥

宛如山水畫般優美的契丹人故地，令人不禁想起慶陵當中的壁畫。

南蒙古林東契丹墓地的壁畫。或許是遊牧民自古以來的傳統吧，直到現在，草原的蒙古兒童依然留著類似契丹兒童的髮型。

居龍藏先生，以及京都帝國大學的歷史學者田村實造先生，曾走訪當地進行調查；田村先生回到日本後，將自己的調查結果彙整成名著《慶陵調查紀行》。

根據留下的畫像顯示，契丹人具備著蒙古人種的臉孔，更值得注意的是兒童的髮型。他們不像日本武士的月代頭般把前面的頭髮剃個精光，而是會在前額中央留下一小撮頭髮。即使是現在，只要在草原地帶走走，就可以看見留著跟契丹時代同樣髮型的蒙古小孩。

關於這些契丹人的日常生活方式，我們可以透過古墓的壁畫一窺究竟。

內蒙古自治區查干哈達契丹墓地的壁畫。此為契丹人吃飯的場景，而契丹之前的匈奴，或許也同樣享受著類似的吃飯樂趣吧！

在塗成紅色的盆子、也就是漆器中，盛放的是肉包子。這種肉包之後歷經了飲食習慣非常豪華的元朝，一直流傳到現在。現在的遊牧民在飲食方面非常簡素，餐宴當中有肉包，就已經是相當豐盛的宴席了。不過，蒙古帝國的貴族對美食文化的發展則是頗有貢獻，這點從同時代有關料理與營養學的著作

《飲膳正要》當中可窺見一斑。

關於契丹文化的優越性，也可從當時的陶瓷器中得到充分的理解。雖然論起瓷器，同時代的宋瓷明顯地廣為人知，不過契丹的瓷器不管在文化面、個性面，還是技術面上，也有著相當優異的表現。在契丹的瓷器當中，雖然可以隱約看到後來高麗青瓷的風格，不過它的設計裡很少見到支那的農耕文化要素，相反地受到遊牧民的影響頗大。最好的例子就是水瓶。遊牧民在乘馬的時候，會攜帶用牛或駱駝皮革製成的水壺，契丹人則是把同樣的形制，融入到支那技術造就的陶瓷器當中。

契丹時代的陶瓷器水壺。

牛皮作的隨身攜帶用水壺，裡面也會放入乳製品或酒。（出處：小長谷友紀、楊海英編《草原的遊牧文明》）

就像這樣，契丹人融合了農耕與遊牧，創造了屬於自己的獨特文化。

在另一款瓷器中，則描繪了綠色的游魚圖案。這種綠色所使用的顏料，是青金石的結晶。青金石是只產在阿富汗或埃及的礦物，從契丹人的器皿使用這種顏料來看，可以證明當時已經有相當程度的國際貿易。順道一提，在宋瓷當中，尚未發現有使用青金石的痕跡。

至於青花瓷，則是契丹滅亡後誕生的元朝呈現給世界的一大巨獻；在現今土耳其的托普卡匹皇宮中，還藏有大量的青花瓷。這些青花瓷在蒙古公主嫁到中亞和西亞時，也會被當作嫁妝一起傳播過去（杉山正明《遊牧民的世界史》）。元朝的青花瓷結合了西方的青金石、中亞的伊斯蘭風設計，以及中國的燒陶技術，堪稱世界最高級的藝術品；不過在契丹的時代，這種東西融合的逸品，便已呈現出誕生的前兆。

契丹皇帝耶律隆祐的墓誌蓋中央銘刻著北斗七星，周邊則羅列著各式各樣的星座，這是

遊牧民契丹人在陶瓷上描繪的游魚圖樣。契丹人靈活運用各種資源，也熱愛形形色色不同的文化。

天文學發達的證據。日本的高松塚古墳當中，也描繪有「北極五星與四輔四星」，也就是所謂「紫微垣」的星座圖。紫微垣在古代支那的天文學中，被認為是天帝所居的星座，而北極星便被比擬為天子之位。高松塚古墳的天文圖，一般認為是受到高麗或者隋唐的影響（毛利和雄《我們能夠保住高松塚古墳嗎？》）。除此之外，在其他契丹人的墓石上，也看見了描繪孩子們合奏琵琶、笙、大鼓模樣的行樂圖。

◎造塔的時代

在內蒙古自治區巴林草原的慶州，聳立著一座名為釋迦佛舍利塔、俗稱「慶州白塔」的美麗佛塔。這座高度超過七十公尺的塔屹立在

契丹人的天文圖。上面描繪著被遊牧民當成「七位神明」加以崇拜的北斗七星圖樣。

契丹兒童的行樂圖。

遊牧草原上，顯得相當壯觀。這是契丹皇后為了供養亡夫、祈求冥福而建立的建築物，竣工於一〇四九年。

塔上的浮雕除了前章提及的胡人與駱駝外，也包括了佛教的四天王。在契丹衰亡、元朝也從中國本土撤退後，蒙古人在十六世紀後半到十七世紀間，仍然統治著長城北側的草原地帶；在這段期間中，慶州的居民從契丹人換成了蒙古僧侶，他們積極地將藏語佛典翻譯成蒙古語（海希西《蒙古的歷史與文化》）。最晚到十七世紀中葉為止，慶州一帶一直都是草原的佛教中心。

人稱「慶州白塔」的契丹佛塔：釋迦佛舍利塔。

在受北面官統治的蒙古高原東部，則可看到建築史上相當為人所知的契丹式磚塔（見頁二〇八），也就是所謂的密檐式磚塔。在這歐亞的東部草原上，古代契丹人曾經認真思索著源自印度的佛教哲學；當我在一望無際的大草原上看見契丹都城的遺

聳立在蒙古高原東部的契丹人佛塔。

跡，以及聳立在當中的佛塔時，內心的那種感動，實在是言語所難以描述的。

這種契丹式的佛塔南起北京、北至蒙古高原、東至舊渤海國、西至現在的寧夏回族自治區，共計超過一百座以上。特別是在作為契丹根據地的南蒙古（內蒙古），這樣的佛塔更是一眼望去、舉目皆是。塔是契丹佛教信仰的象徵，因此這個時代也可以稱之為「造塔的時代」（藤原崇人〈草原的佛教王國——從石刻與佛塔文物看契丹的佛教〉，《契丹佛教史的研究》）。

我曾經聽某位蒙古僧侶說，建立佛塔的目的除了積累功德之外，也有鎮壓地方惡靈的功效。契丹時代的有力人士，大概也是基於同樣的目的而建立佛塔的吧！

在蒙古國西部不斷延伸的廣闊草原上，除了有「塔」之外，還有自契丹人時代殘存至今的「堡壘」（balaghasun）。在四處點綴著遊牧民白色帳幕的草原上，鄰近生活不可或缺的河畔，可以看見往昔契丹時代的殘壘佇立。日本和支那的城，在外面都掘有壕溝，可是蒙古高原上殘留的契丹城址周圍，卻看不到壕溝的痕跡。之所以如此，大概是因為契丹戰士慣於騎馬作戰，所以不曾設想過以水攻城或是護城的方式吧！

在這座堡壘的附近也有塔。這座佛塔雖然是建立在契丹帝國時期，不過在十六、十七世紀的時候，似乎有被重新整理過。

自二十世紀下半葉以來，在這座塔的內部發現了大量書寫在白樺樹皮上、以蒙古語寫成的佛經。蒙古人有將古老佛經收納到佛塔當中的習慣；

位在蒙古國西部的契丹時代堡壘。

建於蒙古西部的契丹時代佛塔。它是採用附近山脈開鑿的石材修建而成，且在內部發現了大量書寫在白樺皮上的佛經。這正說明了契丹文化的傳布範圍之廣泛、甚至遠達蒙古高原的事實。

同時，他們也會活用契丹時代的佛塔，來當作古老佛典的保管庫（bunhan）。佛塔與寺院林立的都城，或許正是草原文化中心的象徵吧！

順道一提，在這座佛塔下發現的蒙古語佛經，隨著德國、義大利、以及蒙古本身的研究者的努力，已經得以漸漸解明。在這些經典當中，也有把成吉思汗當成佛教神明加以讚頌的文本存在，由此明顯呈現出薩滿信仰與佛教融合的事實。

另一方面，在契丹的獨特文化中，也處處反映出遊牧民特有的風格。

祭祀契丹帝國太祖（耶律阿保機）的石室。石室的外壁上，雕刻著宛若固定帳篷之際所使用的繩結般的圖樣。看樣子，他們應該是把石室比擬成帳幕了。

來到位在內蒙古自治區巴林草原的契丹帝國太祖耶律阿保機的墓時，很多人都會急著想踏入被稱為祖陵的石室當中一窺究竟，但其實在它的外壁上，也有著特殊的圖樣，那是模仿遊牧民的住居——帳篷——而繪成的圖樣。契丹雖然同時統治著遊牧民族與農耕民族，但王室對於自己身上所流淌的遊牧民血液，還是有著強烈的意識；也正因此，他們才會想著即使到了另一個世界，也要住在帳篷之中吧！

三、寬容的西夏（党項）和元朝

◎西夏石窟的蓮華藻井

在我的故鄉鄂爾多斯，留有不少北魏時代的石窟。在這當中，近年特別受到矚目的，應該就屬鄂爾多斯北部、阿爾巴斯山中的阿爾寨石窟了。這座石窟位在敦煌的遙遠北方，俗稱「草原絲綢之路」的位置上。

一九九〇年發現的這座石窟，現在已經被中國指定為重要文化財。我曾經參與這座石窟的調查，並將成果彙總成《蒙古的阿爾寨石窟——其興亡歷史與出土文件》一書。在我看來，這是一座非常獨特的遺跡。

殘留在鄂爾多斯西部烏審旗的沙漠性草原當中的古老石窟。考古學者斷定這原本是北魏時代的石窟，不過在近代又被蒙古僧侶重新加以利用。

阿爾寨石窟，現在被指定為中國重要文化財。

阿爾寨石窟岩壁上所挖掘出的西夏風佛塔。

阿爾寨石窟內的蓮華藻井。

在石窟的岩壁上鑿有佛塔，不過卻和契丹人的佛塔毫無相似之處。據考古學者說，這些佛塔是屬於西藏（吐蕃）風格，也就是典型的大夏帝國（党項）系產物。最好的證據，就是抬頭仰望石窟天井時，可以看到的「蓮華藻井」。藻井就是天井，簡單說就是將天井雕琢成蓮花的模樣。天井的雕琢形狀，隨著時代而有所不同——大夏帝國時代的石窟，其天井幾乎都是雕刻成蓮花模樣。

現在，從阿爾寨石窟所在的鄂爾多斯西北部往西越過黃河，便是穆斯林居住的寧夏回族自治區。寧夏是大夏的根據地之一，在寧夏回族自治區政府的所在地、銀川市郊外的大草原上，還可以看見大夏（党項）時代的佛塔悠然聳立。大夏的佛塔雖然和契丹一樣是用磚頭砌成，不過在美感上則截然不同。或許因為是同時代鼎立的國家，所以才在這方面競相表現出自己的獨特性吧！

聳立在西夏故地——寧夏回族自治區首府銀川市郊外的佛塔。

◎關於西夏文字

大夏雖是以佛教立國，不過之後則以藏傳佛教最為顯著。即使在成吉思汗於一二二七年滅亡大夏後，党項人仍然鄭重其事地保存著用西夏語書寫的藏傳佛教經典。西夏語在元朝仍被使用的證據，可以在北京郊外的居庸關窺見一斑。這裡是元朝萬里長城所設的關卡之一，在上面刻有漢文、蒙古文、西夏文等各式各樣文字寫成的

聳立於大元王朝的首都汗八里（即今日的北京市）郊外的居庸關過街塔。

居庸關上留下的刻文。兩種不同字體分別為左邊的蒙古文、右邊的西夏文。

佛經。

西夏文在日本人眼中看起來，有點像是難解的漢字。從這點來看，它應該是漢字衍生出來的文字。這種西夏文字在日本語言學者西田龍雄先生的努力下，幾乎已經完全獲得了解讀。元朝和其他草原帝國一樣，同時使用多種語言，其中一種就是西夏語。換言之，他們雖然吞併了大夏，卻允許西夏語繼續流傳。將包括西夏語在內的多種言語銘刻在關卡上，這樣的事實應該會讓通過此地的人們，都深切感受到自己乃是大帝國的一分子吧！

這種多語言的記述，在阿爾寨石窟內部也得以清楚窺見。在那裡面，銘刻著用蒙古語、梵語和藏語寫成，對塔拉（女神）的讚美文句。從壁畫的描寫與詩歌的內容中，可以得知女神的面容應該非常美麗，但很遺憾的是，這片壁畫在文化大革命中，幾乎已經被中國人所破壞殆盡了。僧侶在乾燥大草原正中央的石窟中，靜靜吟唱著讚揚女神的歌曲，這樣的景象如今已經不復得見。另一方面，在阿爾寨石窟中，也出土了以維吾爾文字蒙古語刻成的六字真言磚頭。其書寫風格，和敦煌莫高窟中蒙古帝國時代的「六體文字碑」的題詞（杉山正明、北川誠一《大蒙古的時代》）屬於同一類型。

阿爾寨石窟出土的蒙古文六字真言磚。

阿爾寨石窟內的題詞。以蒙古文、梵文、藏文寫成對女神塔拉的讚頌之詞。

◎翁牛特草原的墓誌銘

元朝（一二七一～一三六八年）雖說只是蒙古帝國東部的一部分，不過仍然是個包含眾多民族的大帝國。從同時使用多種語言這一點，可以顯示出帝國對多元文化的寬容；而多元包容的國家，往往能夠贏得眾多民族的效忠，這正可說是草原遊牧文明的一大特徵。

在南蒙古（內蒙古）中央的翁牛特草原上，有一座建立於一三三五年的支那人張應瑞的墳墓。在張氏的墓誌銘上，同時用漢文和蒙古語寫著他如何以蒙古豪族的身分，為帝國效忠的事蹟。

儘管張應瑞一族乃是蒙古化的支那人，不過在他的墳墓附近也還是設有鎮墓獸。所謂鎮墓獸，是用來保衛墳墓的事物；支那人為了避免往生者前往另一個世界時有所不便，因此經常會把值錢的東西一起埋葬進去，然後為了防止盜墓，

張應瑞墓殘留的鎮墓獸。

南蒙古翁牛特草原上的張應瑞墓碑。

又會在墓的周圍設下保護用的鎮墓獸。在對草原的蒙古王室做出貢獻的同時，又採用支那風的葬送儀禮，這本身就是多元文化同時綻放的最好證明。只是，張應瑞的鎮墓獸在文革時代，也被中國人給全部推倒了。

四、富含多樣文明的蒙古帝國

◎受蒙古人接納的禁慾藏傳佛教

將契丹、西夏、宋包含其中所誕生的多民族多宗教帝國——蒙古帝國，創造了一個儒、佛、道教三者共存、可謂大融合的時代。儘管如此，在元朝統治下的支那人，其心底還是如前所述，現實的道教教誨始終縈繞不去。

這個時代也是現實主義的民間信仰——道教，與阿彌陀佛信仰、彌勒佛信仰急速同化的時代。阿彌陀佛信仰，指的是誦唱「南無阿彌陀佛」六字名號，死後就能前往極樂淨土的思想；至於彌勒佛信仰（彌勒佛下生信仰），則是希望實現天下太平的彌勒菩薩，能在這個世上現身的一種祈願。

關於彌勒佛下生信仰的實踐者，我們可以舉朱元璋為例子。歐亞史家杉山正明對於從白蓮教脫穎而出的朱元璋有著以下的描述（杉山正明、北川誠一《大蒙古的時代》）：

> 現實的朱元璋，乃是一個堪稱為惡的集合體，是個性格陰暗的人物。在他攀上權力頂峰的過程中，不只一次背叛他人，對於舊主和朋友，也能若無其事地加以殺害……在世界史上，像朱元璋這樣的例子，實在是絕無僅有……
>
> 之所以如此，或許是因為白蓮教的彌賽亞思想始終殘存在他的心中，讓他相信自己正是為拯救眾生而下生的彌勒之故吧！正因如此，被拯救的眾生，必然是幽暗且無常的存在，而順天應人拯救他們的自己，則必然要成為絕對唯一的權能者。總而言之，從「大明」這個國號中，可以嗅出強烈的白蓮教氣息；而在朱元璋的心中，恐怕早已失去了「人性」的存在吧！

白蓮教系的宗教結社演變到近代，便誕生了所謂的義和團（義和團事件：一八九九～一九〇一年）。不管何者都是祕密結社，而這種祕密結社，每當政情不安定的時候，其力量便會急遽發展，從而展開顛覆國家的謀劃。在他們的想法中，若是國家不能保護自己，那就必須靠自己的力量來做些什麼。到了義和團，這樣的想法更與高漲的反外國主義（扶清滅洋）直接連結。現代中國的反日主義雖有形形色色的理由，但白蓮教式的思考方式一直在中華文明當中盤踞不去，這個事實也可說是主要的原因之一。

相較於中國人對道教的重視，身為遊牧民的蒙古人又是怎樣一回事呢？簡言之，蒙古人從根本保持的，就是一種薩滿信仰。

大元王朝雖然定都在大都（今日北京），但在《元史》中，仍然留有他們沿用薩滿信仰的方式，祭祀太祖成吉思汗的記錄。

在鄂爾多斯，從元朝開始便一直有祭祀成吉思汗的政治儀禮；這套儀禮，是繼承了當初在大都的儀禮而來。雖是政治儀禮，不過在典禮上會有成吉思汗的直系子孫負責獻上絲綢與被認定為成吉思汗生前坐騎轉生的白馬（楊海英《成吉思汗祭祀》）。

正如前面反覆提及的，蒙古帝國／元王朝對於宗教相當寬容，因此他們不但讓藏傳佛

豎立在鄂爾多斯成吉思汗祭殿前的孔子加封碑。此碑原本是位在錫林郭勒草原上。

教居於國教地位，支那人的儒教在元朝其實也相當隆盛。在南蒙古的草原上，還可以看見蒙古帝國時代尊崇孔子的石碑。

蒙古帝國時代的藏傳佛教，雖然在元朝帝室中獲得很高地位，但對草原遊牧民社會究竟滲透到什麼地步，則不得而知。十六世紀以降，蒙古人再次信仰起藏傳佛教，不過對抱持遊牧民認同的蒙古人來說，要接受禁慾的藏傳佛教，似乎也相當辛苦。

位在蒙古高原上的哈拉和林，曾是蒙古帝國的首都，在它周圍是一片平穩起伏、向四面不斷延伸的草原。當藏傳佛教再度傳入草原時，草原的僧侶們便拾起了往日帝都的石材與磚瓦，將它們運用在僧院的建築上，從而誕生了嶄新的寺院群——額爾德尼召。

額爾德尼召寺院群後方的山谷，被藏傳佛教的僧侶們解釋成妖豔的女性陰部（於都斤）。在那裡，僧侶們把一根模仿男性性器的石頭，以折斷的狀態放置在草原的中央。這和日本神社動輒把男性性器當成雄偉的神體來看待，正好呈現極端的對比。在被視為女性身體的草原谷間放置切斷的男性性器，無非是要促使自由奔放的草原之民採取禁慾的態度。

這片被僧侶安放「禁慾的男性性器」、加以詛咒的土地，正是自匈奴和突厥時代一直延續下來，深受遊牧民所愛的「於都斤之地」、「大地母神之地」。

草原間的「禁慾的男性性器」。

◎基督教的紮根

那麼，基督教文化的傳播情況又是如何呢？自西元八四五年，古代基督教派系之一的聶斯托留派（唐朝稱之為「景教」）傳入以來，它們始終沒有在古代支那站穩腳步。可是，景教卻逐漸滲透了蒙古高原，到了十三世紀，據說包括克烈、汪古等有力部族都信奉了景教。歐洲當時抱持的所謂「祭司王約翰」幻象，或許就是來自這些可汗之中的某位吧！

鄂爾多斯自古以來崇敬的蒙古軍軍神（查干・蘇魯錠）。上面繪有白隼的徽記。這個徽記在西方被誤認為十字架。

西歐在十二世紀到十六世紀間，深信祭司王約翰是存在於亞洲或非洲某處的基督教國度統治者。他們相信祭司王約翰率領的軍團，將會擊垮伊斯蘭教的勢力。西方之所以會產生這種幻想的理由，據說和蒙古軍高舉的軍旗也有關係。軍旗上面通常都描繪著蒙古人視為神聖的白隼徽記，不過那個徽記有時看起來，也非常像是十字架。

十三世紀基督教徒在蒙古高原紮根的契機，或許與一二六八年景教徒馬薛里吉思（Mar Sargis）自西方造訪元朝，並侍奉帝室有所關聯。在這之後的一二九四年，羅馬教皇尼古拉四世派遣教士孟高維諾（Giovanni da Montecorvino）拜訪蒙古帝國的大都，並在今日的南蒙古草原興建起羅馬教會的教堂，這變成了草原蒙古人等遊牧民改宗天主教的一大關鍵；至於有力部族汪古部原本就有許多景教／基督教信徒，在汪古部居住的地區發現了許多用敘利亞文字銘刻的基督教徒墓碑。割據蒙古高原中北部的有力突厥系遊牧民克烈部，也幾乎都是景教徒。順道一提，克烈部的女性代代都會下嫁給成吉思汗家族。在我的故鄉鄂爾多斯，當地的蒙古人也大多保持著作為古代克烈人後裔的認同。

雖然有點不好意思，不過在我們一族的情況來說，「骨（yaso）為克烈，氏為俄尼斯（Onos）」；於是我將 Onos 的單數型 Ono 轉化為「大野」兩個漢字，從而創造出現在使用的日本姓名。

現今在我的故鄉鄂爾多斯，還有四千名左右信奉基督教的蒙古人。在這些人當中，有從元朝時代便流傳下來的基督徒，也有像前面所述，受到那些將「國王的耳朵是驢耳朵」故事帶回歐洲的十九世紀比利時傳教士所影響，而改宗基督教的人（松田孝一〈敖倫蘇木的發現與歷史〉）。順道一提，這些天主教徒的本部是比利時的布魯塞爾；本部的聖

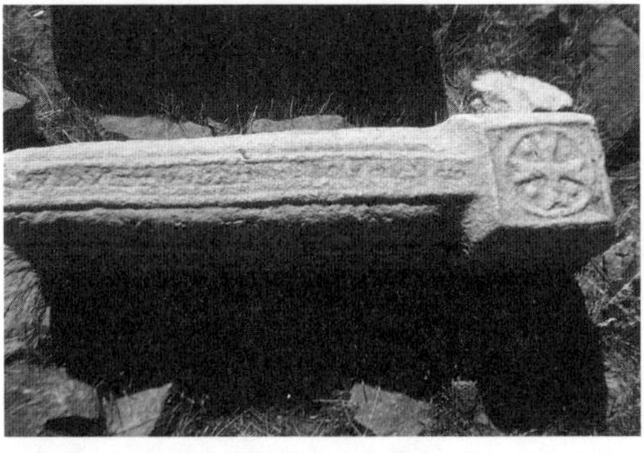

南蒙古中央出土的景教徒墓碑。圖片中可見右端刻有十字架。

職者雖然至今仍屢屢希望重新造訪鄂爾多斯，卻遭到中國頑強的拒絕。儘管蒙古人的文化乃是一種世界性的文化，但現代中國卻極力同化其支配權內的蒙古人，並試圖斷絕他們與外部的關聯。這樣的政策，和寬容的遊牧帝國完全是背道而馳。

現代鄂爾多斯蒙古人的教會。

◎伊斯蘭教的活躍

接下來，讓我們來提提伊斯蘭教。

在北京，現在還有可追溯至契丹時代的清真寺。這座名為「牛街禮拜寺」的清真寺，和中亞地區的清真寺在形制上顯得不太相似。據傳這座清真寺是建立於遼代統和十四年（九九六年）。遼，即是大契丹國，因此這可作為契丹時代已經有伊斯蘭寺院奠基於南京的有力證據。

伊斯蘭教在蒙古帝國樹立後，以神祕主義教團蘇菲派的姿態，廣泛活躍於草原上。

蘇菲，是「創造奇蹟」的人（濱田正美《東突厥斯坦・察合台語聖者傳之研究》）。他們是一群能夠從口中噴火、或是用一根指頭擊倒相撲力士之類，總之具有超能力的人物。由於蒙古人自古以來便對薩滿抱持著深厚的信仰，因此這些能驅使超自然力量的蘇菲教士，其形象便自然而然地與薩滿產生重疊。也有研究者認為正因如此，所以伊斯蘭教的改宗乃是以比較自然的形式在進行。

北京市內可以追溯到契丹時代的清真寺。

當某個宗教在其他宗教信徒的地區進行思想轉換的時候，經常會活用從前的設備。這種改宗的殘影，在寧夏回族自治區南部的同心縣，一座相當具有個性的清真寺中可見一斑。這座清真寺，是由舊的藏傳佛教寺院改建而來。當我遠遠眺望的時候，不管怎麼看都覺得它是座藏傳佛教寺院，直到靠近觀看，才確認它的確是座清真寺。之所以如此，或許是因為原本信奉藏傳佛教的蒙古人改宗伊斯蘭教，又或許是當他們撤退以後，被穆斯林拿來再利用，真相至今仍然不明。在現今的青海省，藏傳佛教徒與穆斯林仍然極其普遍地共生共存。在穆斯林當中，也有很多人認為生病的時候求助於藏傳佛教的僧侶，乃是一件相當合情合理的事情。

雖然在蒙古帝國時代以降，有無數的蒙古人改宗伊斯蘭教，但不論是信奉藏傳佛教的蒙古人，還是改宗伊斯蘭教的蒙古人，大家都有一個共通的政治理念，那就是自己是成吉思汗的子孫。在今日新疆維吾爾自治區東部，有一座名為哈密的城市。在哈密市內有哈密王的墳墓，那座墓地也是伊斯蘭風格的建築。哈密王屬於成吉思汗次子察合台的系統，在相當早的階段就已改宗伊斯蘭教。最晚到十六世紀時，哈密仍然與鄂爾多斯的貴族有所交流，並且互稱「成吉思汗的子孫」；這些事實在誕生於我故鄉的蒙古語編年史《蒙古源流》等作品中，都有流傳下來。

寧夏回族自治區同心縣內的清真寺，利用蒙古帝國時代的藏傳佛教寺院改建而成。

◎持有「言語」和文字的意義

接下來，請讓我再一次把話題帶回到文字上。先前我曾經提到，西夏文字乃是衍伸自漢字的產物。雖然有點離題，不過有一部相當有趣的漫畫，是伊藤悠原作、描繪蒙古與党項之間，環繞著西夏語佛經展開爭鬥的作品，名為《西夏惡靈》（小學館）。伊藤氏用以下的羅曼史形式，展開了這部作品：

> 十三世紀初期，史上最強的蒙古軍，遇上了一位被稱為「惡靈」（舒特赫爾）、令他們恐懼萬分的女戰士。這位女戰士當初其實不過是個怯於蒙古威脅的西夏國小兵，但在歷經無數次生死關頭考驗後，終於變成了超人一等的強者。另一方面，蒙古帝國的皇子尤羅爾，因為受到敵方的西夏文字所吸引，決定挺身而出，保護它的存在……

話說回來，契丹大字也是脫胎自漢字，是九二〇年時創造出來的表意文字。西夏文字也同樣與漢字相似，不過與契丹文字一樣，雖然身為漢字文化圈的一員，大部分日本人還是難以解讀。

契丹語相當明顯，乃是源自於蒙古系的語言。事實上，契丹人共創造了大、小兩種文字。從漢字衍生出的產物稱為契丹大字，表音文字則稱為契丹小字。用契丹文字書寫的文章，在日本語中就相當於漢字假名文。

文字的使用乃是文明學上的戰略。西夏和契丹明明可以直接照搬漢字，卻為何要刻意做

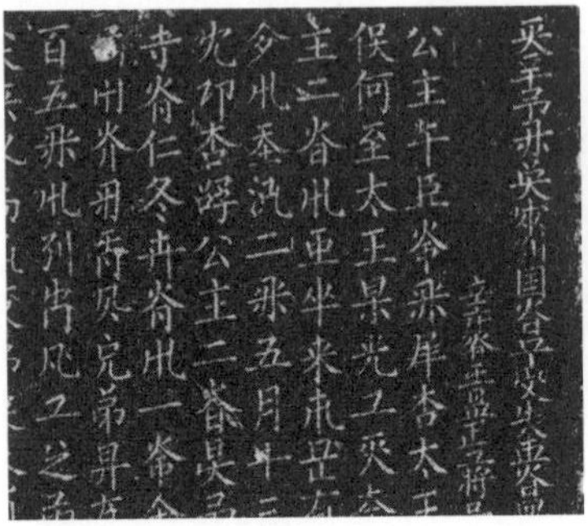

契丹大字。

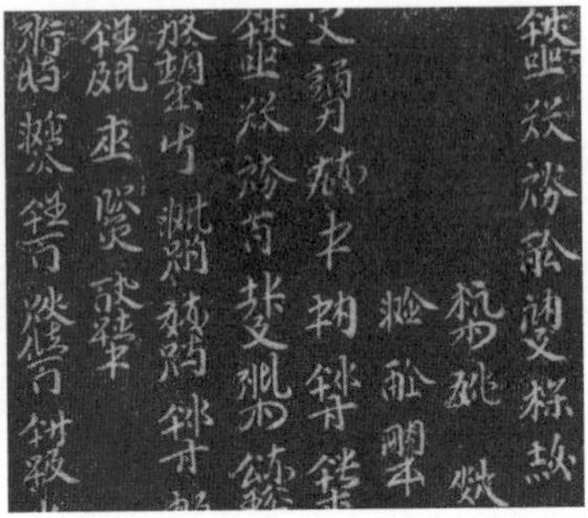

契丹小字。（出處：武內康則〈最新研究了解的契丹文字面貌〉）

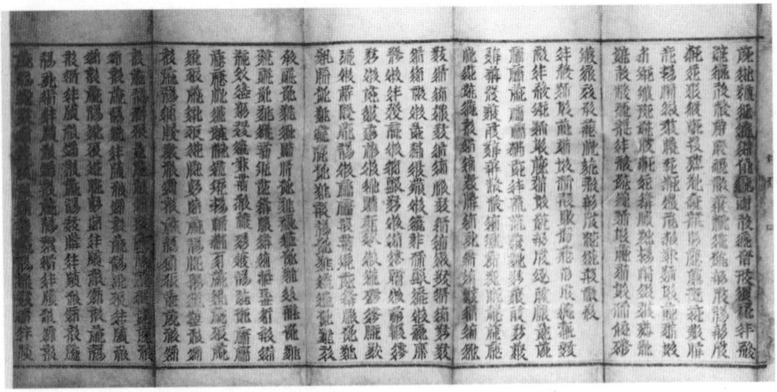

西夏文字。比利時皇家美術博物館收藏。

出這樣的改變呢？

之所以如此，大概是因為害怕被鄰近的支那所同化吧！從日本來看，支那是大海對面的國家，但對契丹與大夏來說，它則是陸地上彼此相連的存在。要是採用漢字、接受支那文化，一個不小心可能整個國家都會被它所吞併消化掉。因此兩國都抱持著強烈的警戒心，創造出原創文字，也是為了維持文化的獨立之故。

至於言語方面，蒙古高原的遊牧民則一直都是從西方導入相關事物。突厥導入盧恩文字是如此、契丹和大夏也是如此、下一章會詳細提及的金也是如此。

契丹文字在大契丹國滅亡之後仍然殘存著。據內蒙古社會科學院的研究者孟志東先生所述，直到大清後期的道光年間，在雲南省蒙古人墓地的墓誌銘中，還可以發現契丹小字的使用。忽必烈在征服南宋之前，先攻陷了雲南，接著才從雲南北上壓制南宋；這時候他的軍隊中，據傳有不少歸順蒙古的契丹人。

在這支蒙古軍當中，也有些人就此駐屯在攻陷的雲南之地，繁衍子孫至今。現在的雲南蒙古人當中，屬於契丹的子孫理應不少。在這些現在稱為蒙古人的雲南契丹後裔中，有一支姓氏為「阿」；據他們流傳下來的族譜所述，這個姓氏乃是源於契丹帝國的太祖耶律阿保機的「阿」字。

在南蒙古東北部的呼倫貝爾地區，有一支名為達斡爾的遊牧狩獵民族。過去他們都自稱為「達斡爾蒙古」，不過近年來則改主張自己是「契丹的子孫」（孟志東《雲南契丹後裔研究》）。他們所使用的達斡爾語，明顯是屬於蒙古系的語言。

那麼，大夏的子孫又殘存在哪裡呢？或許我們只能從藏東地區的羌族，去找尋他們的足跡了。

第六章

最後的歐亞帝國——清

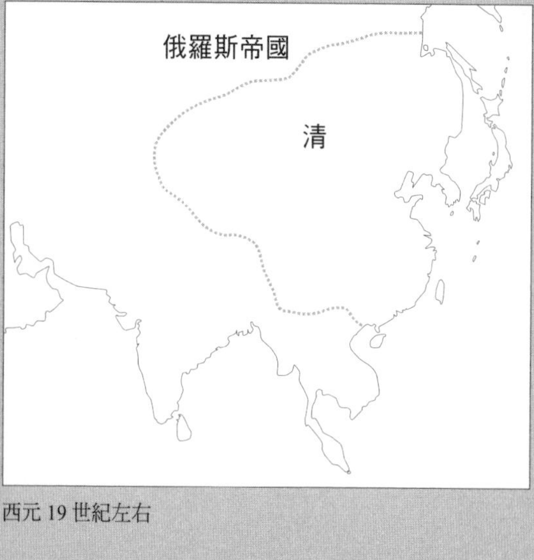

西元 19 世紀左右

一、女真人建立的金國與後金國

◎重視禮節的遊牧民

大清是滿洲人建立的帝國，也是中央歐亞最後的帝國。它在一六三六年建立，於一九一二年覆滅。幾乎在同一時期，俄羅斯帝國於一九一七年、鄂圖曼帝國於一九二二年相繼瓦解，歐亞三大帝國於二十世紀初同時畫下了歷史的句點。

大清留下的遺產也存在於我的故鄉鄂爾多斯，特別是清的第四任皇帝康熙，當他旅經此地進行狩獵時，留下了許多的傳說。在岡田英弘的名作《康熙皇帝的信》中，收錄了康熙皇帝在旅途中，寫給位在北京的愛子（皇太子胤礽）的信件。

比方說，一六九六年十一月，康熙皇帝從呼和浩特渡過黃河，前往鄂爾多斯高原享受狩獵之樂。當時，他正在踏上對橫跨東西突厥斯坦、盛極一時的蒙古人王朝——準噶爾汗國的征途之中。康熙皇帝寄給愛子的信裡是這樣寫的：

我渡過黃河之後，立刻展開圍獵。這裡的兔子和雉雞都相當肥碩豐富。當我想射雉雞的時候，總會驚動兔子，而當我想射兔的時候，又會驚動雉雞。在這種左右為難的情況下，我的收穫並不算多。總計獵了四十隻兔子、十隻雉雞；雉雞相當肥美。

當我一踏上鄂爾多斯的土地，就發現當地人的生活相當優渥，在禮儀方面，也始終不失昔日蒙古的傳統。

鄂爾多斯人的生活相當井然有序。家畜豐富，良馬也很多。雖然在富裕程度上稍稍不及察哈爾人，但比起其他蒙古人，還是富饒許多。他們在馬上射兔的姿勢雖然不怎麼優雅，但仍然相當嫻熟。

鄂爾多斯的蒙古人，在這個時期也會從事獵兔的行動。即使到了現在，蒙古人仍然會在冬天進行狩獵，並將兔子和狐狸賣給支那人。這種生活習慣，大概是從康熙皇帝的時代就一直延續下來的吧！

透過康熙皇帝的信，我們還可以明白一件事，那就是鄂爾多斯人在禮儀上，「始終不失昔日蒙古的傳統」。

不管是從前還是現在，以蒙古人為首的遊牧民，一直都把「yosun」——也就是「禮節」、「道理」、「原則」看成是跟性命同等重要的事物。這種價值觀在維吾爾人、哈薩克人、所有突厥系人民，乃至於阿富汗的普什圖人中，也都是共通的。遊牧民普遍具有這種重視義理人情，樂於招待他人的文化。

二〇〇一年九月十一日，在美國同時引發多起恐怖事件的領導者賓拉登，晚年曾經一度棲身於阿富汗近郊的普什圖人家中。普什圖人庇護賓拉登，雖然有部分原因是因為他曾經是率領阿富汗人反抗蘇聯、立下實績的人物，但我想並不止於此。在遊牧民普什圖人看來，有人前來家門求助，自然不能把客人交到敵人手中，這正是遊牧民的價值觀。

這種觀念和支那人的價值觀正好呈現極端對比。也正因此，遊牧民與支那人始終極不相容。在基於道教、儒教價值觀寫成的漢文書籍中，總是將遊牧民描寫成野蠻不知禮儀的粗野之人。但是，寫這些書的支那人，他們理想的儒教禮節，和遊牧民重視名譽觀和義理人情的禮節，是迥然相異的。更進一步說，在支那，會認為儒教理念高超卓越的，僅限於極少數的讀書人；至於在歷史上始終占壓倒性多數的庶民，則幾乎無法閱讀難解的漢文，跟典籍強調的禮節更是無緣，這才是事實。

還不只這樣，更糟糕的是，一九四九年共產革命後，毛澤東等中國共產黨領導人對迄今為止的支那傳統進行了大規模的破壞。這些掌握實權、出身農民或勞動階級的人物，在青少年時代並沒有受過充分的教育，因此對自古以來的儒教品格與優雅品味基準展現出徹底否定的態度，反而把粗野當成是件值得誇耀的事。

其中最顯著的例子，就是文字。直到一九八〇年代為止，中國一直把「字寫得醜」當成是件值得驕傲的事。他們認為，醜字代表著「人民的字」、「勞動階級的字」；至於「漂亮的字」，則是資產階級的產物，應該被否定。正因如此，在共產革命以降到文革時代出生的這個世代，包括我自己在內，字都寫得很醜。

輕視學問的軼聞還不只如此。那是發生在一九七〇年代，文革的混亂漸漸平息，大學考試制度開始復活時候的事。

當時二十歲左右的大學考生，因為身為文革的被害者被下放到農村，所以幾乎都屬於無學的世代，對於筆試測驗的問題完全一籌莫展。我當時是中學生，擔任監考老師的助手，所以對於這幅畫面印象非常深刻。關於數學和化學之類的問題，明明連身為中學生的我都能簡單解答出來，但是這些年紀比我大的考生，個個都是搖頭苦思。這些粗野的共產黨員產出的無學世代，就是跟現在習近平主席同一世代的人。

不過，其中也有一個儘管對考試一籌莫展，腦筋卻動得飛快的考生，那就是遼寧省興城縣出身的張鐵生。他在一九七三年六月的大學入學考上繳了一份白卷；在答題紙上，他沒有回答問題，而是以「致尊敬的領導人」為題，寫了一篇對黨中央竭盡忠誠的文章。當時遼寧省的領導人——毛澤東的姪子毛遠新，看了之後當場表示「這就是中國需要的大學生」，並且盛讚他是全國性的「反潮流英雄」。但是，我的中學老師則是表現出些許抗拒的態度，他說：「像張鐵生這種無學又粗野的人物，實在是要不得。」

讓我們把話題再回到禮節上。在這方面，遊牧民與支那人也是截然相反，而熟讀漢籍的日本人，便也跟著認為遊牧民乃是不知規矩之人。在幾年前發生的一件事，讓我對此有切身的感受。

當時，日本的研究者前往蒙古進行田野考察，他們造訪了居住在草原上人們的帳幕，並且接受對方的飲宴招待。對遊牧民來說，這就是禮節，來訪者應該要心懷感激，客客氣氣地接受招待才對。但是，在日本研究者當中，有人認為遊牧民應該更加自由奔放、對什麼事都坦蕩蕩不以為意、即使做了什麼不好的事，也都不會太在意。這人大概是學漢籍學過頭了吧！只見他在主人說「請盡情享用」之前，就已經爭先恐後，大快朵頤了起來。

這個日本研究者的身影看在主人眼裡，大概就跟中國人沒什麼兩樣吧。當我向他說明傳統遊牧比什麼都重視禮節時，他才解開了長年的誤會，露出苦笑。

◎蒙古人眼中的滿洲人是何形象？

從康熙皇帝的信中，可以看出他很理解遊牧民的禮節；畢竟他身為同時從事狩獵與遊牧的滿洲人一員，也是相當重視歐亞遊牧民禮節的人。那麼，在蒙古人眼中映出的滿洲人，又是怎樣的形象呢？

我第一次遇到滿洲人，是在我高中的時候。當時在班上有個貴族出身的滿洲人，他和中國人（漢人）之間，有著很大的不同，不論言行舉止，都顯得相當優雅高貴。十七世紀的蒙古人在遇到康熙皇帝時，對他的品格大概也是同樣的讚嘆吧！

大清遺留的痕跡，在鄂爾多斯南方靠近萬里長

陝西省北部榆林的石窟。在那裡有許多滿文的題詞。

城的城鎮榆林也能夠看見。那裡有無數的石窟，上面也有滿文的題詞。滿文因為是基於蒙古文字而來的表音文字，所以一般蒙古人都能讀得懂，卻不知道它的意義何在。（關於滿洲文字，我們後面會再加以論述。）

◎滿洲的源流與扭曲的宋中心史觀

若要陳述滿洲，就不能不提及哈爾濱這個地方。哈爾濱是現今黑龍江省的中心都市，在它的火車站前，豎立著一九〇九年暗殺伊藤博文的安重根銅像。

在哈爾濱車站的對面，是一間名為「龍門貴賓樓」的豪華飯店，不過它原本被稱為「大和旅館」。大和旅館過去曾是俄羅斯軍官的據點，隔著馬路，正對面是日本總領事館，這棟建築物至今仍保留著。伊藤博文就是為了與俄羅斯的財政

哈爾濱車站對面的舊大和旅館。

大臣會談而前往哈爾濱，結果一去不回。

在日本，哈爾濱的名字之所以廣為人知，大概就只是因為這起事件之故，但事實上，從十二世紀到十三世紀間，哈爾濱周圍也曾是金國（一一一五～一二三四年）的首都。金國曾經好幾次遷都，不過他們一開始的首都，就是設在哈爾濱市內的上京會寧府。

哈爾濱到了冬天，就會舉辦類似札幌雪祭的冰祭。我以前造訪的時候，就曾看到一座不是用雪而是用冰鑿成的像，上面大大寫著「大金第一都」五個字；它的意思就是指，這裡是金國的第一座首都。

金國的正式名稱是「大女真金國」，用滿洲語來念是「Amba Jusin Alcun Gurun」，「女真」就是「Jusin」用漢文寫成的對應文字。他們是在首任皇帝完顏阿骨打的率領下，「突如其來」建立起來的王朝（杉山正明《疾馳的草原征服者》）。之所以會說「突如其來」，是因為在這之前，關於這個地區的記錄其實相當少。

金國建國後，不只滅了契丹帝國，更在一一二五年將宋逼到滅亡的境地。當時向南逃走的人們雖然建立了南宋王朝，可是南宋也對金進貢絲絹與女子，行臣服禮，這都是歷史的事實。

可是中國卻扭曲這樣的事實，以宋中心史觀來編纂這個時期的歷史。他們寫得好像宋是正統王朝，而金國、契丹帝國、以及党項人的大夏帝國，都只是「宋的地方政權」罷了。這是一種明顯錯誤的大漢族中心史觀。

這樣的錯誤，自然是不會被當時的蒙古帝國所接受的。

在蒙古帝國留下的記錄中，對於自己滅亡的契丹、大夏，乃至於金與宋的歷史，全都一律平等對待。根據杉山正明先生所述，「有關契丹國家文獻史料的核心——《遼史》，是在大元兀魯思治下，與《金史》、《宋史》一同在一三四三至一三四四年間，由國家編纂而成的」（《疾馳的草原征服者》）。可是這時候，一位舊南宋領地江南地區殘存的支那文人楊維楨卻大表憤慨，寫了一封信向蒙古大汗表示抗議，信的內容是這樣的：「希望只以宋為正統來編纂歷史，不要把它和契丹與金等同並列。」當然，大元王朝對此只是一笑置之，對於這種支那人的非現實要求，根本不把它當一回事（岡田英弘《閱讀年表．中國的歷史》）。

後世的世界歷史學者，多少都會盡量站在「對等的中華」角度，來對北宋、南宋與契丹、党項（大夏）進行比較，而日本的研究者也有很多人業已脫離了「宋元史觀」，亦即所謂宋元政權一脈相傳的偏宋史觀（杉山正明《顛覆世界史的蒙古》）。

可是當蒙古帝國滅亡後，歷代的支那人又再度回到那種空虛的宋中心史觀；在中共政權建立以後，他們對這種史觀愈發固執，直到今日依然如此。

◎朱子學與漢字

話說回來，金國其實是個歐亞王朝。他們和過去的歐亞王朝採取的政策如出一轍，如同契丹、党項（大夏）般，創造出獨特的文字。

一一一九年，他們創造了女真大字，之後大概二十年左右，又創造了女真小字。女真大字和契丹大字一樣，是由漢字改頭換面而來。一一七三年，他們禁止採用支那風的漢字為姓氏，之所以如此，應該是恐懼支那化、有所提防之故。

另一方面，女真文自在金國滅亡之

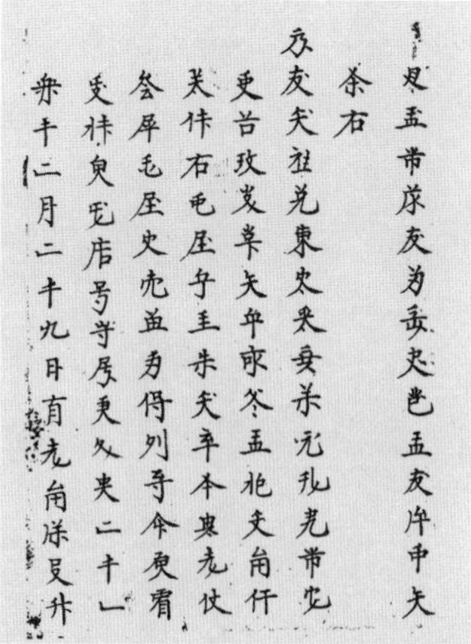

女真文字。（出處：杉山正明《疾馳的草原征服者》）

後約兩百年間，仍然被持續使用著。這就代表說，蒙古帝國雖然滅了金國，卻沒有禁止他們的文字繼續被使用下去。契丹文字也是一樣，一直到大清道光年間，仍然在雲南省的一些地區持續被流用。大清也沒有禁止使用文字，換言之，同樣尊重文化的多樣性。

一一七九年，朱熹向朝廷上奏，討論政權運作與國際關係。儘管此舉前所未見，但皇帝顯然很看重朱熹的上奏，試著開始對於「身為中華的南宋」這一國家該如何定位，以及它和周邊的「夷狄」國家該保持怎樣的序列關係，就理念上進行體系化。這就是後世自尊自大的「中華思想」奠基的起源。

另一方面，就在金國禁止支那風姓氏的十八年前，也就是一一五五年（另有一說是一一六二年），鐵木真在蒙古高原上誕生了。他在一二〇六年統一遊牧集團，自稱為「成吉思汗」。這時候，金國關注的焦點並沒有指向蒙古高原，而是朝著南宋。金國將首都從哈爾濱移往位在南方的今日河南省開封，也與這點頗有關係。

只把注意力放在南方的金國，在一二三四年遭到自北方南侵的窩闊台大汗軍所滅亡。之後，蒙古軍更進一步南下，一二七九年吞併了南宋，建立起蒙古帝國，然後也開始編纂這些滅亡國家的歷史。

直到滅亡為止，南宋一直相當流行所謂的新儒教。儘管在支那，道教仍然是宗教的中心，但是將它與古代儒教的教誨結合起來，則成了當時的流行風潮，廣受各界的支持。新儒教的骨幹，就是方才提及的朱熹所創立的朱子學。

朱子學首要強調的，就是君臣間的忠誠。南宋因為常常處於國家存亡的危機之中，所以皇帝總是會要求臣下盡忠節。在這方面，朱子學可說是相當便利的存在。反過來說，要是朱子學不編造出中華至上、並將除此以外的諸民族定位為「東夷南蠻西戎北狄」這種序列思想的話，那麼南宋的人們——特別是知識階級，就很有可能會倒向自由且具魅力的遊牧民王朝了。

順道一提，元在宋滅亡後，也對朱子學採取部分保護、獎勵的態度。之後它也傳到日本，在德川時代被稱為「漢學」。總之，不管對哪一國的支配者而言，朱子學都是難能可貴的好用思想。

一二六九年，蒙古將八思巴文字訂立為國字，同時併用維吾爾文字。這一次，漢字並沒有被選為國字。

八思巴文字屬於西藏（吐蕃）文字系統，是一種表音文字，之後也流傳到高麗王國。「以使用八思巴文字的知識為基礎，取高麗王朝而代之的李氏朝鮮世宗王，創造了諺文」（岡田英弘《閱讀年表・中國的歷史》）。朝鮮之所以要新造諺文，恐怕也是因為害怕一直使用漢字下去，會遭到支那同化的緣故。

◎Manchu（滿洲）的崛起

一三五一年，「紅巾之亂」（白蓮教徒之亂）爆發；在白蓮教徒等農民的叛亂下，元朝應聲崩解。雖然以中華中心史觀來看，繼元朝之後誕生的乃是明朝，但在今日的東北這個地區，事實上產生了一片權力的真空地帶。

在這片空白地區腳踏實地、不斷積累能量的，正是女真人。到了一六一六年，女真人的領導者努爾哈赤（太祖），便在此建立起後金國，自稱大汗。「後金國」這個名稱，當然蘊含著這群人對於自己乃是「建立金國的女真人後裔」所保持的自我認同。

一六三五年，努爾哈赤的兒子皇太極（太宗），將蒙古帝國最後的大汗林丹汗驅趕到今日的青海省草原地帶，並奪獲了大汗的玉璽。

關於玉璽，這裡有必要稍微補充一下。玉璽是支那歷代王朝及皇帝，代代相傳的皇帝用印璽。在一三六八年，明朝統一支那地區、並將蒙古帝國政權驅趕到萬里長城以北之時，元朝的大汗並沒有放棄玉璽。換言之，明並沒有獲得在構成脈絡相連的支那歷史當中，極度不可或缺的「傳國玉璽」；從這點來看，明就不能說是正統王朝。這是草原遊牧民在編年史當中的認知。

明自己也很清楚這一點，而且抱持著一種自卑感。正因如此，在《明實錄》中，反覆記載著他們為了奪取玉璽，派遣兵力深入北方蒙古草原的記錄；但是，他們的這番努力屢遭挫折，最後在毫無辦法下，甚至做出假造一顆新玉璽的荒唐之舉。

從蒙古大汗手裡一直掌握著正牌玉璽這點來看，我們也可以說元朝尚未滅亡。在這種思維下被鄭重守護著的正牌玉璽，於一六三五年落入了皇太極的手中。至此，皇太極名符其實，成為了歐亞東部草原的大汗，他遵循著遊牧民自古以來的即位儀式，被眾人認可為汗。

自成吉思汗以來，大汗之名就只能由成吉思汗的子孫承襲，這是不變的鐵則。這樣的鐵則不只限於蒙古高原，就連廣闊的歐亞各地也都予以認同。皇太極身為長期臣服於蒙古麾下的女真人子嗣，對這項法則也有充分的了解。是故，他雖然不是成吉思汗的直系子孫，但還是按照遊牧社會的傳統，透過玉璽轉移的儀式，讓自己繼承了大汗的名號。

新登基的大汗皇太極，在一六三六年將嶄新的國號制定為「Daiqing」，寫成漢字就是「大清」。這裡並不是「偉大的清」的意思，只是取個適當的對應漢字罷了。

不管蒙古人也好、還是女真人也好，對這個既稱「大清」、又稱「滿洲」政權的執政者，一概都稱呼為「（大）汗」，而只有在執政者對支那進行執政的時候，這些大汗才會被稱呼為「皇帝」。

隨著玉璽的讓渡，蒙古人和女真人也成了合作夥伴。大清借重蒙古的力量征討支那，將支那納入手中，創立了大清。順道一提，現在流用下來的「新疆」一詞，是出現在一七五九年。當時住在那一帶的蒙古人與突厥人歸順於大清，成為新加入大清的領土和領民，因此便稱之為「新疆」，也就是「新獲得的土地」。

當皇太極在一六三六年定國號為「大清」之後，過去被稱為「女真」的這些人們，其稱呼也逐漸變成了「滿洲」。所謂滿洲，一般被認為是源於「文殊菩薩」[1]之名。

雖然對文殊菩薩的信仰自古便已存在於支那北部，不過在遭受鎮壓的情況下，這種信仰的重心遂逐漸轉移至東北，並在那裡得到了遊牧民的支持。正因文殊菩薩信仰在女真人之間也是根深蒂固，所以他們才會如此自稱。

文殊菩薩是左手持經典、右手持劍，掌管智慧與學問的神明。重視禮節與學問的遊牧與狩獵民，毫無罣礙地接受了祂的教誨，而這些受到文殊傳授智慧的人們，便是所謂的「滿洲人」。

那麼，這個冠上文殊（滿洲）之名的組織，形成的民族又具有怎樣的面貌呢？

二、滿洲人的根源從何而來？

◎與漢族相異的滿蒙之「血」

正如大清的皇帝在遊牧民間被稱為「大汗」這個再清楚不過的事實般，滿洲人的社會也一直沿襲著遊牧民的傳統。大汗是由各部族之長選舉產生，以部族會議領袖的身分，強力維繫著各部族的團結（杉山清彥《大清帝國的形成與八旗制》）。

大清是由八個有力部族結合而成，那就是所謂的「八旗」。這八旗根據族別不同，

1 文殊菩薩：梵語 Mañjuśrī，為大乘佛教崇敬的菩薩之一，主要司掌學問與智慧。

而有各自的旗幟，分別是正黃、正白、正紅、正藍，以及在旗幟外再加上邊框的鑲黃、鑲白、鑲紅、鑲藍——所謂「鑲」，就是指外面加上邊框的意思。滿洲人利用旗子的不同，表現出各自部族的差異；從屬於各旗的人民稱為「旗人」，這些旗人都是貴族。

然而隨著時間流逝，這樣的體系也逐漸產生變質。

大清先是統一東北，接著又將蒙古納入支配之下。之後他們更越過萬里長城，征服了明；不過在征明之際，其體系已經變成由滿洲八旗、蒙古八旗，以及漢軍八旗所構成。說到底，八旗大致上是由滿洲人所構成，然後再新編入蒙古人與漢人（高麗人）。而在這過程中，這些人仍然保持著自己是蒙古人或是漢人的自覺，所以才會出現蒙古八旗與漢軍八旗。

令人更感興趣的是，滿洲八旗真的是純粹只由滿洲人所構成嗎？關於這點，答案是否定的。不論是蒙古人或漢人，只要有意願，都可以成為滿洲人（旗人）。

成為旗人的重點，在於接受滿洲的生活方式與價值觀，以滿洲人一員的身分生存下去，和出身是蒙古或是漢人，完全沒有關係。這種思考方式，從〈第二章〉論及的匈奴以來，一直不曾改變。儘管出身和樣貌各有不同，但最重要的是，你是用什麼方式過生活？這點決定了你是什麼人。這就是遊牧民自古以來普遍的思考方式，換言之，即是跨越了人種與民族的價值觀。

我之前曾經再次確認過這個事實。一九九〇年代，當我在阿爾泰山中進行調查的時候，曾經和當地遊牧的哈薩克人接觸。在那些人當中，我發現有個人不管怎麼看，都是漢人的樣貌，於是便試著問他說：「你是支那人嗎？」結果他馬上回答說：「不，我是哈薩克人。」周圍的人似乎也都把這件事，看成是理所當然的樣子。確實，在我小的時候，在鄂爾多斯也有明顯是漢人血統、卻被當成蒙古人的例子。

不管滿洲旗人、蒙古旗人，還是漢軍旗人，在某種程度上都能用

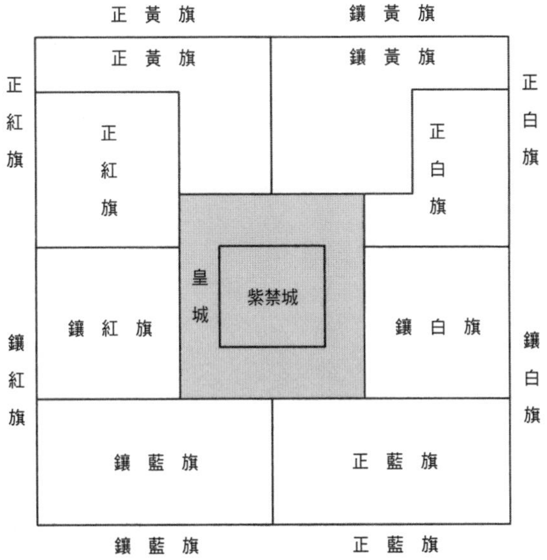

北京內城中八旗的配置。（出處：杉山清彥《大清帝國的形成與八旗制》）

滿語溝通。蒙古人與漢人也和滿洲人通婚，漸漸地趨於滿洲化。

將明的領土納入手中之後，旗人與大汗進入北京，大汗定居在紫禁城（現在的北京故宮博物院），四周則由八旗拱衛著（見頁二四九）。正白旗、正黃旗等名稱在這之後也變成了北京固有的地名。

◎漢裔旗人

在此，讓我們再次將目光轉回黑龍江省的哈爾濱。在這裡，有一座直接承繼日本統治時代「大陸博物館」而來的黑龍江省博物館。在其中的展示場裡，展示著一位人物的相關事物，而這位人物，正象徵了旗人與民族之間的關係。

那是十九世紀的吉林將軍富明阿墓中的出土品。所謂吉林將軍，就是黑龍江省、遼寧省，以及吉林省，也就是滿洲發祥之地——東北三省的最高統治者。富明阿的「富」這個姓，也完全是滿洲人的姓。可是，富明阿是何許人物呢？他是曾任明朝兵部尚書的支那人、率領明軍堅守萬里長城山海關的將領——袁崇煥的六世孫。

在袁崇煥與努爾哈赤、皇太極之間，有一段有名的軼聞。

由於袁崇煥將軍的守勢相當堅固，所以努爾哈赤和皇太極無法越過萬里長城。為此，他們採取了謀略手段，散布謠言說袁崇煥已經和滿洲人私通。

疑心病深重的明朝皇帝，對這個謠言照單全收，於是將袁崇煥處以凌遲之刑，也就是活生生將他身上的肉一塊塊割下來。結果，袁崇煥的家族就變成了流浪之民。這跟漢朝皇帝對投降匈奴的李陵一族採取的懲處手法如出一轍，透過極端殘忍的嚴罰思想來統治人民，也是中華文明的特徵之一。

袁崇煥的兒子袁文弼加入了後金國的軍隊，他發揮了父親遺傳下來的能力，屢屢立下軍功，並被錄用為漢軍八旗。於是，袁文弼便取了個滿洲風的姓——「富」；但是，他原本的袁姓仍然流傳了下來，所以富明阿同時又有個名字叫「袁世福」。

富明阿的長男壽山在甲午戰爭中與日本戰鬥，在義和團之亂中又與俄軍奮戰，最後舉家自盡。換句話說，他們是

陳列在黑龍江省博物館內的壽山照片。

一個直到最後都為大清竭盡心力的家族。

黑龍江博物館中，也有關於壽山的展示，在上面寫著「漢軍正白旗人」的字樣（見頁二五一）。這證明了這家人原本是漢人的事實，到現代仍然廣為人知。

受到一九一一年十二月蒙古高原發表《獨立宣言》的強烈影響，三天後大清放棄了大汗政權。隨著大清的瓦解，革命未盡全功的中華民國成立。中華民國最初標榜的是五族共和，也就是漢、滿、蒙、回（維吾爾）、藏彼此協和。

這時候，不管是滿洲、蒙古還是漢軍旗人，大清的旗人大多數都成了「滿洲民族」。這些支撐大清三百年的人們，儘管出身有滿洲、蒙古、漢的差異，但這時候都選擇成為「滿洲民族」。之後，因為中華民國對駐守在各地「滿城」的滿洲人進行大屠殺，所以也有些原旗人自稱是漢族。故此，現在自稱是漢族的人當中，留有滿洲或蒙古血液的人其實也不少。

◎成為神的皇帝

最後，我想用大清第六代大汗——乾隆皇帝的故事，作為這個章節的句點。

乾隆皇帝因應身為大汗的需求，不只擅長公用的滿洲語、蒙古語，也十分精通漢文，甚至連土耳其語也能說上口，還曾學習過阿拉伯語，是位才華洋溢的人物。他的身影透過當時侍奉大清朝廷的義大利畫家郎世寧（Giuseppe Castiglione），留下了為數眾多的風采。

在郎世寧的西洋風畫作中，有幅畫是滿洲人乾隆皇帝騎乘在馬上的樣子。大清的大汗，代代都會按照慣例，在夏天的時候前往熱河，並在今日北京以北的承德附近的皇家獵場「木蘭圍場」進行狩獵。在這裡，他們變身成歐亞遊牧民的領導者，並且樂在其中。

就算再有學問，不能騎馬狩獵還是有辱大汗的名號，所以必須要藉由在木蘭圍場的狩獵，向周遭人展現自己作為武人，同樣有著充分的實力。乾隆皇帝為了誇示自己乃是重視遊牧民價值觀的大汗，自然也做出了相應的襯職表現。

承德的藏傳佛教風寺院。大清皇帝建立起這些寺院，扮演著藏傳佛教的保護者。

乾隆皇帝也在木蘭圍場所在的熱河，興建了藏傳佛教風格的寺廟（見頁二五三）。這些寺廟雖然是用來款待西藏的高僧，不過也有把乾隆皇帝自己捧為「活生生的神」的意味在。現今在這些佛教風的寺院裡，不只供奉有滿洲人信仰的文殊菩薩，同時也有把乾隆皇帝描寫成菩薩的景象（石濱裕美子《清朝與藏傳佛教》）。

據清史專家杉山清彥所述，大清的大汗其實同時具備了多重身分。比方說像先前所述，在大清人眼中，他是結合八旗的議長；在蒙古王公眼中，他是擁有玉璽的大汗；在藏傳佛教高僧眼中，他則是影響力龐大的大施主。在這裡，乾隆皇帝也被附加了現世之神的身分。

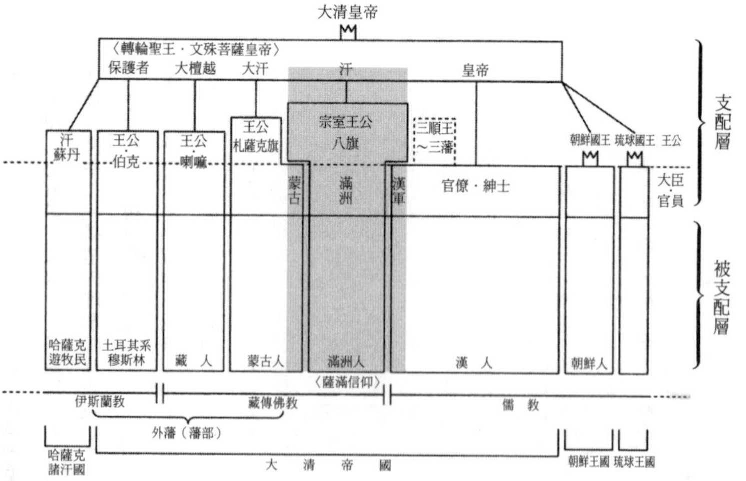

大清對歐亞遊牧世界與中國本土的支配架構。（出處：《大清帝國的形成與八旗制》）

三、滿洲是從何時開始變成地名的？

◎日本人的滿洲經驗

正如到此為止清楚顯現的，「滿洲」（Manchu）指的是一群共享同樣價值觀的人。至於它從何時開始，變成「地名化」的「滿洲」，這就和日本有密切關聯了。

一六四四年，越前國的藤右衛門等一行五十八人，因為船隻遭難而漂流到圖們江[2]。藤右衛門一行人遭到當地原住民的殺害，最後只剩下十五人殘存。

一六四四年，正好也是滿洲征討明朝、進入北京的那年。這十五個日本人，也搭上了這股滿洲人的大潮。當他們學習了三年的滿洲語跟漢文之後，便從北京經由朝鮮、對馬，返回了日本。

因為當時日本處於鎖國狀態，所以這些歸國的日本人馬上被幕府請去偵訊。這些

2 圖們江就是流經現在中國與北韓間的豆滿江（Tümen ghan）。Tümen 在蒙古和突厥語中，指的是「萬」的意思。

偵訊的記錄，後來被編成一本書，名叫《韃靼漂流記》（江戶初期，越前商人漂流到韃靼國（清國）的記錄）。

研究滿洲歷史文化的衛藤利夫先生在他的名著《韃靼》中，也曾提及這本《韃靼漂流記》，不過值得注目的是「韃靼」這個名稱。日本有所謂的「韃靼蕎麥」（苦蕎麥）；司馬遼太郎著有《韃靼疾風錄》；俄羅斯劇作家亞歷山大・鮑羅丁，在歌劇《伊戈爾王子》中，有一段「韃靼人之舞」；就連莎士比亞的《仲夏夜之夢》（福田恆存譯）裡，妖精帕克登場時的台詞中，也有「韃靼人之箭」這句話。這些或許都是廣為人知的例子，但是把「韃靼」當成政治用語，則是從明朝開始。

「韃靼」，是古代支那人對異民族歧視性的用語；特別是在明朝，更是慣用這種詞彙來稱呼蒙古人。由於當時的日本人都是透過漢文來通曉歐亞的知識，所以對這種稱呼也毫不置疑地照單全收。一八〇九年結束樺太（庫頁島）調查返國的間宮林誠，還把樺太以西的對岸認知為「東韃靼」，寫了一本《東韃紀行》。

然而，同樣在一八〇九年，擔任幕府天文官的高橋景保則在《日本邊界略圖》中，將同樣的地區明記為「滿洲」。一八三二年，與高橋景保有交流的菲利普・法蘭茲・馮・西博德（Philipp Franz Balthasar von Siebold）[3]，在他的著作《日本》中，則是寫成「Mandschurei」。這個名稱以地名和民族名之姿，傳到了歐洲。在這之前，歐洲同樣是透過漢文獲得這個地區的資訊，因此也稱它為「tartaria」（韃靼）。現在，日本使用的「滿洲」、歐美使用的「Mandschurei」這個詞彙，都是起源自高橋景保；可是，他為什麼會稱呼這個地方為滿洲，至今還是個謎（中見立夫〈名為「地區」「民族」的萬花筒、稱為「邊陲」「邊境」的假想空間〉）。

◎創建中國現代文化的滿洲人

滿洲以一九三一年的「滿洲事變」為引線，在次年成為日本的殖民地，並且樹立起所謂的「滿洲國」。當時擔任皇帝的，是大清最後的皇帝——愛新覺羅溥儀。滿洲國在一九四五年八月，隨著蘇聯蒙古聯軍的攻擊而瓦解，並脫離了日本的支配。

「愛新覺羅」是大清帝室家族的姓；自命為神的第六代大汗乾隆皇帝，他的名

3 菲利普・法蘭茲・馮・西博德（Philipp Franz Balthasar von Siebold）：德國內科醫生、植物學家、旅行家、日本學家和日本器物收藏家。

字則叫愛新覺羅弘曆。「愛新覺羅」是「黃金」的意思，現在居住在中國的滿洲人當中，還留有姓「金」的愛新覺羅子孫。

順道一提，在日本也相當知名的川島芳子（愛新覺羅顯玗）也是滿洲人。她是清皇族肅親王的第十四個女兒，在大清崩解的過程中，被長野縣的川島浪速收為養女，並在長野渡過了少女時代。此後，她則是積極參與了日中戰爭和上海事件。

中國對川島芳子的評價極端惡劣，主要是因為她被動地協助了日本。但實際上，她所期望的是大清的復興，喚起的則是滿洲人的驕傲。她曾經有過一段短暫婚姻，丈夫是蒙古人，名叫甘珠爾札布。（如果對這個人有興趣的話，請參考筆者的著作《蒙古騎兵在西藏揮舞日本刀》，以及《日本陸軍與蒙古》。）

川島芳子的願望未能實現，大清並沒有再次復興；但是，它卻留下了許多遺產，一直持續到現代。

比方說，〈第一章〉已經提到，現在中國所使用的標準語乃是源自於北京語，但是北京語在英語中的稱呼是什麼呢？答案是「Mandarin」。所謂「Mandarin」，是從「滿大人」三字脫胎而來，而這個詞的意思是指「滿洲的大人」、「身分高貴的人」，也就是「旗人」。滿洲旗人所說的話，成為現今中國語（標準語）的骨幹。在這之前不久，住在北京、上海跟台灣的人，還沒有一個可以互相溝通的所謂「中國語」存在。

另一方面，現今中國主張自己有權對蒙古、西藏以及新疆維吾爾進行支配的直接根據，就是滿洲人的大清也曾支配這些地方。可是，滿洲人的大清和迄今為止的帝國相比，較傾向與帝國之外保持一種有秩序的關係。琉球王國也是他們的藩屬國，但是大清對於帝國該有的作為還是在摸索。

現在，會說、會讀滿洲語的人是愈來愈少，主因是受到中國（漢族）不斷的同化。可是在新疆，還有好幾萬被中國稱為「錫伯族」的人，這些人其實都是滿洲人。他們也從事著整理沉眠在故宮博物院中、數量龐大的滿洲語古文件的工作。

至此，我想再介紹另一項大清的遺產，作為這個章節的結束。

日語所謂的「china dress」，在中國稱為「旗袍」，意思是「旗人的服裝」。旗袍不是漢人的民族衣裝，而是滿洲女性穿著的禮服。它那深深的開叉，正是為了騎馬方便所設。

日本人對「中國」、「漢族」的想法不一而足，但其實都未必正確，這點希望大家明察。

◎借用關羽之威

在我看來，日本人似乎喜歡魏、吳、蜀三國爭霸，描述三國時代的歷史故事——《三國志》。在這當中，關羽（蜀的武將）更是極具人氣的登場人物。德川家很欣賞關羽，而支那人的統治者也很喜歡關羽；原因在於，他是一位不管發生什麼事，都效忠於義兄劉備的忠義之人。

滿洲大汗為了壓制漢人的叛亂，於是利用了關羽。他們到處興建關帝廟，在上面掛著大書「忠義絕倫」四字的匾額，大力推動關羽崇拜。

位在我的故鄉鄂爾多斯高原附近、陝西省內萬里長城山麓上的關帝廟，當然也是對關羽大書特書了一番。可是，在關羽的座下，也有成吉思汗的塑像。這意味著什麼呢？

鄂爾多斯高原以南的長城。這裡是遊牧文明與中華文明的分界點。

關羽是忠君的代表，同時也是支那人的軍神。漢人建造關帝廟的時候，在這位軍神跨下放置蒙古民族的始祖成吉思汗，即透露出對遊牧民族恐懼、想藉由支那軍神來壓制成吉思汗的心情。

事實上，在北部支那萬里長城沿線，可以看見許多的關帝廟。因為漢人乃是領受了大清高層——滿洲人，以及其他北方遊牧民價值觀的人，所以把遊牧民的象徵放在支那人軍神的胯下，未必就代表著反清思想。只是，就算這樣，支那人還是打從心底，恐懼著新的遊牧民再次前來攻擊。

位在陝西省北部長城山麓上的關帝廟。

終章

現在的中國正遭到歷史復仇

現今 21 世紀

一、「宗教等於鴉片」的馬克思主義與專制主義思想

◎從文明史來看，漢人政權有著共通的弱點

蒙古人成吉思汗與他的子孫，在十三世紀建立了東起朝鮮半島、西至東歐的廣大帝國。蒙古的統治者給予所有宗教傳教的自由，集結了各式各樣的人種與民族，在文化與經濟交流上盛極一時。著有《馬可．波羅遊記》（《東方見聞錄》）的威尼斯商人馬可．波羅，就曾經被蒙古帝國其中一部分的元朝任命為官，在雲南等地擔任徵稅的實務。由此可以看出，蒙古帝國確實是個向國際開放的國家體制。不只是元朝，被稱為世界帝國的國家，為了將廣闊的國土納入手中，其統治者都必須抱持寬容的態度，來接受各種文化與宗教才行。

不過，從比較文明論的視角來看農耕支那的歷史，特別是回顧其宗教思想史，可以發現有多民族、多宗教共存實現的時期，也有很多失敗的時期。令人相當感興趣的是，以鮮卑拓跋系的唐為首，蒙古人的元、然後是滿洲人的清，這些歐亞遊牧民樹立

的王朝對宗教都顯得寬容，也能形成國際性的大帝國；相對於此，以漢與明為代表的支那人、亦即「漢民族」支配的時期，宗教鎮壓與異民族暴動的情事反而時有所聞。支那人所統治的王朝，幾乎都不容許信仰的自由。這種文明論的差異相當明顯。

大清滅亡之後，包括中華民國、乃至現在的中華人民共和國，都標榜自己是中國人，亦即「漢民族」的政權；而如今以西藏自治區、新疆維吾爾自治區和內蒙古自治區為中心，隱含著深刻的民族問題，這也是眾所周知的事實。

更進一步說，現在中國的重大問題之一，就是他們所施行的宗教政策。今日的中國，表面上在《憲法》第三十六條認可「中華人民共和國公民有宗教信仰自由」，但現實是，只要是政府不喜歡的宗教，就會遭到嚴厲鎮壓。比方說一九九四年四月，氣功集團「法輪功」為求合法化，發動一萬人前往北京的中南海靜坐，結果遭到當時的江澤民政府禁止活動，信徒被大舉逮捕偵訊。對基督教也是一樣，地方政府破壞教會的事件屢見不鮮。簡單說，對中國政府來說，他們滿意的宗教，就只有「比起神明，更愛國家的宗教」而已。

理所當然地，對大部分宗教來說，神與宗教領導者的存在，一定是居於比國家權力者更高的地位才對。但是在中國，並不允許有任何的神高於共產黨所統治的國家。

比方說基督教的情況，在天主教系有「中國天主教愛國會」，新教系則有「中國基督教三自愛國運動委員會」等社會團體，依附於政府的統合之下。同時，他們還強制推銷「愛國」兩字，在宗教設施的入口硬是掛上「愛國愛教」的招牌，強調國家比起宗教更優先的概念。所謂「三自」，是「自治、自養、自傳」的省略，意思是「從外國勢力獨立（自治）、自己養成聖職者（自養）、獨立進行傳教活動（自傳）」。至於天主教系的中國天主教愛國會，則因為否定教宗對主教、神父的任命權，而被教廷否認為天主教會。

在現今的中國，還有被稱為地下教會或家庭教會之類、非公認的基督教集團。雖說是家庭教會，不過其實是某個聚落全體都屬於該教會的信徒，往往形成數百人乃至數千人的大集團。他們只是沒加入「三自會」或「愛國會」而已，政府當局卻對他們逮捕、拘禁，也是家常便飯之事。這也導致了信徒與政府間的對立日趨尖銳化。

若是更進一步說，現在的中國人（漢人），乃是中華文明的繼承者，而中國共產黨也是中華文明的產物。中國共產黨雖然大肆揮舞著「宗教等於鴉片」這種誕生自西洋的馬克思主義意識形態，但他們在骨子裡，乃是中華文明專制主義思想的信徒。

在支那，屢屢因為民眾的叛亂而導致王朝傾覆，而在大部分情況下成為導火線的，都是對於宗教的鎮壓。比方說造成漢王朝崩解的關鍵，就是中國最初的大規模宗教叛亂「黃巾之亂」。

蒙古人的元朝，也是因為支那人白蓮教徒掀起的「紅巾之亂」而導致滅亡。雖然元對宗教頗為寬容，但企圖掙脫蒙古人支配的一部分支那人，還是利用了白蓮教徒。然而，當朱元璋打倒元朝、將政權掌握在手中後，便翻臉不認人，對白蓮教大舉鎮壓。

白蓮教主張彌勒菩薩會降生創造新的世界，拯救為這個世界所苦的所有生命，換言之是一種對於現實社會的架構與秩序全然否定的教誨。這股白蓮教之流，後來潛入地下、改頭換面，以各種脈絡持續流傳到現在。現在的中國，不管對宗教也好、還是少數民族也好，都是採取懷疑與高壓的態度。然而，就文明史上來看，這正是中國人（支那人／漢人）政權共通的弱點。

◎追求現世利益的中國人宗教觀

那麼，中國人的宗教觀又是怎樣一回事呢？正如〈第三章〉所詳述，中國人的宗教觀以儒教與道教為依歸。

在這當中，儒教與其說是宗教，不如說更像是人生哲學與統治方策。《論語》雖然有針對人際關係等現實問題的解決方法進行闡述，但在書中卻沒有像是神明之類超越現實社會秩序的存在。

另一方面，道教則給人一種集中國地方信仰大成的感覺。它最大的特徵，就是對現世壓倒性的執著。其他宗教大部分都把「死」看成重要問題，尋求從死後世界獲得拯救，唯獨中國人追求的是金錢和出人頭地，這些活著的時候就能享受的現世利益。

在中國人的信仰中，甚至連死後世界都徹底地現世化。在死後的世界中，存在著以被稱為「天帝」的神為首的官僚機構。在日本也廣為人知的閻羅王，乃是負責根據人們生前的言行，決定死者該上天國或下地獄的審判者；此外，閻羅王也有任期，任期滿了就要換人。

最清楚顯現出對現世執著的，莫過於對長生不老的追求！所謂「煉丹術」便是製造長生不老藥，乃是道教基本的要素。首創中國第一個統一國家的秦始皇，命令部下徐福尋找長生不老藥的傳說相當有名；然而令人驚訝的是，即使是現代的毛澤東，對於這種觀念的實踐也相當熱心。毛澤東雖然是有名的獵豔家，不過據他的主治醫師李志綏的證言指出，他其實是依循著「跟年輕女性性交可以延長壽命」的道教觀念在行事（李志綏《毛澤東私人醫生回憶錄》）。從比較文明的觀點來看，像中國領導人這樣深受道教觀念浸染、腦袋裡充斥著妄想，一心想實踐宗教的情況，在遊牧民族領導人的身上幾乎看不到。

◎佛教不曾在中國本土落地生根

宗教是文明的要素之一。佛教、基督教，以及伊斯蘭教這三大宗教都在相當早的時候便已傳入支那。可是，不管何者都沒能在中國本土（China Proper）立穩腳步，反而獲得周邊地區與民族的接納。

首先是佛教，據說它是在西元前二〇六年開始傳入漢朝。關於它東傳的路徑有兩種說法，以前較為有力的看法認為，它是經由印度北部的阿薩姆傳到與越南、寮國接壤的雲南地區，也就是

遭到中國政府破壞的蒙古草原佛教寺院。事實上，中國共產黨也是中華文明的產物。

所謂的南傳路徑。但是最新的研究則認為，它是經由巴基斯坦、通過阿富汗的巴米揚，再經由所謂的絲路，走北方的草原之道，傳入蒙古高原，也就是所謂的北傳路徑，這樣的看法更為有力。

當時的蒙古高原上，居住的是稱為匈奴的遊牧民族。《魏書．釋老傳》中記載，匈奴的單于有崇拜黃金偶像的習慣，在歷史學者中，也有人認為這個「黃金偶像」或許就是佛像。不只如此，佛教經典《無盡寶珠》中也說，黃河北邊、現在寧夏回族自治區所在的賀蘭山是匈奴的根據地；每到夏天，那裡就會有佛教的行者（羅漢）展開修行。

可是，支那人對佛教並不怎麼買帳。漢的第七代皇帝武帝，於西元前一三六年定儒教為官學。相反地，在北方遊牧民支配支那北半邊的五胡十六國時代（三至四世紀），佛教則與其他宗教一起大放異彩。在這當中，擔任魏王的鮮卑族拓跋珪，他在今日山西省大同和河南省洛陽營造的石窟[1]，到現在仍然是世界級的遺產，也是有名的觀光勝地。

在六世紀末到十世紀初成立的鮮卑拓跋系國家——隋唐，佛教也相當興盛。不論隋或唐，都是與匈奴、鮮卑系淵源甚深的拓跋王朝。這個時代，大量的僧人與佛經也透過遣隋使與遣唐使傳入日本。可是，在這之後，儘管日本至今仍有大量的佛教徒，但佛教在支那卻不曾落地生根。故此，我們或許應該把鮮卑拓跋系的隋唐時代，視為是歷史上的特例吧！佐藤公彥先生曾經這樣定義：「在自北方民族北魏系統延伸下來的唐王朝中，佛教的影響力很強，也明顯存在著希臘化風格，但並不能說是佛教國。」（佐藤公彥《中國的反外國主義與民族主義》）隋唐到了後半期，也走向極度的支那化。從文明論來看，即使是淵源自遊牧民的征服王朝，一旦支那化，也會失去其豐富多彩的特徵。

蒙古高原鄂爾多斯留下的北魏時代石窟，中心柱風格為其特徵。

1 在岩山或岩石間挖掘建設而成的寺院。

◎在蒙古高原上生根的基督教

基督教是在唐朝時傳入的。六三五年，基督教聶斯托留派（景教）的傳教團抵達長安，並在三年後（六三八年）獲得皇帝允許，得以進行傳教。七八一年，他們在西安豎起了一塊名為「大秦景教流行中國碑」的碑文，詳述了景教在支那流傳的來龍去脈。可是，在唐朝末期的八四五年，景教的傳播遭到禁止，於是傳教者們逃往北方的高原地帶，結果使得景教在高原地帶的遊牧民間廣為傳播開來。

十二世紀末，當成吉思汗意圖一統遊牧民族時，抵抗他的是克烈族的王罕。當時，克烈族比蒙古族規模更大，文明也相當先進，信奉的正是景教。雖然在成吉思汗的攻擊下，克烈族遭到了擊破，但成吉思汗的後繼者，仍然相當熱衷於和王罕家族結親。是故，元的皇后中也有景教信徒。

一二七一年，羅馬教皇與元締結外交

南蒙古留存的景教信徒墓碑。

關係，並派遣大主教英諾森前來傳教。大主教過世後，信徒仍在元持續發展。元之所以對基督教寬容，大概是因為皇族中也有人接受基督教，或者是信仰景教的緣故吧！

關於信仰景教的克烈族王罕，在歐洲基督教社會中留有一個傳說。

一〇九五年，西方發動了第一次十字軍，但是到了十二世紀中葉，隨著伊斯蘭教徒的反擊，他們開始陷入了劣勢。這時候，在歐洲廣泛流傳的，便是〈第五章〉曾經提到的「祭司王約翰傳說」。在這個傳說中，他們半懷著希望，期盼住在東方大地盡頭的基督教國王約翰，能率領軍隊前來協助十字軍。這個「祭司王約翰傳說」的根源，一般認為就是來自王罕。

一三六八年元朝滅亡後，西北地區的蒙古人大多改宗伊斯蘭教，但景教徒仍在蒙古高原南部殘存下來。以「騎馬民族征服王朝說」著稱的考古學者江上波夫先生，在一九三〇年代曾在南蒙古的敖倫蘇木（Olon Sume）發掘出景教的石碑，轟動世界。

就這樣，在支那宣告終結的基督教，卻在蒙古高原上持續存活了下來。

◎祕密結社化的伊斯蘭教

七世紀初成立的伊斯蘭教，在唐朝時傳入支那，被稱為「回教」，並在元朝立穩腳步。

蒙古帝國統治的特徵，是征服波斯、阿拉伯、土耳其等地後，都能不拘一格地從被征服民族中選拔人才，並將他們活用在朝廷與軍隊裡。為此，有大量的穆斯林被蒙古錄用，並移居到元朝。受其影響，也有許多蒙古人改信伊斯蘭教而成為穆斯林。成吉思汗過世後，蒙古帝國的西半部分裂成四個勢力，其中有許多王子都改信了伊斯蘭教。

打倒元的明朝雖對穆斯林極力鎮壓，不過在支那依舊有一批忍氣吞聲、默默紮根的伊斯蘭教徒，這些教徒乃是以神祕主義宗派——蘇菲派為中心。人數不多、憑藉家族信賴結合的蘇菲派，正是最適合避開政府鎮壓、進行活動的組織。就在這樣的環境下，穆斯林潛入地下成了祕密結社。明的支那執政者感覺到這種動向的危險，於是更加嚴厲鎮壓，結果形成了惡性循環；穆斯林與他者的關係，到現在還無法修復。

另一方面，在現今的中亞，改信其他宗教的情況也不在少數。一般我們在印象中，總會認為藏人就都是信藏傳佛教，但事實上在堪稱信仰中心的拉薩，也有許多伊斯蘭教徒。拉薩的商人幾乎都是從印度的喀什米爾地方等地移居而來的伊斯蘭教徒；在我讀研究所時的指導教授、世界級的藏語權威長野泰彥先生總是強調說，「那些人的藏語講得比藏人自己還要好。」

蒙古國首都烏蘭巴托市內的 Dervish 像。「Dervish」指的是伊斯蘭蘇菲教團成員。在波斯與土耳其的寓言文學中，他們常常以嘲笑權力與貪慾的人物形象登場。蘇菲教團的實際狀況十分多采多姿，以土耳其的梅夫拉維教團來說，他們採取的修行法是用音樂伴隨著舞蹈，從而讓蘇菲修行者達到陶醉的忘我境界。在烏蘭巴托市內建立 Dervish 像，代表土耳其人意識到自己的祖先乃是源自於蒙古高原的突厥人。

聳立在中國西北部寧夏大地上的伊斯蘭聖者墓廟。這棟看起來氣宇軒昂的建築物，是穆斯林心靈的依歸之所。

有趣的是，這些伊斯蘭教徒生病的時候，總會求助於喇嘛（藏傳佛教的僧侶）。藏傳佛教承繼了一種起源於印度、名為「阿育吠陀」的傳統醫學，僧侶們也很熱中於醫學研究。很多寺院都設有類似醫科大學的「曼巴扎倉」，僧侶們一邊修行，一邊在那裡研習醫學。在我調查的區域，甚至有某位穆斯林因為受到喇嘛治癒疾病，而改信藏傳佛教；不過，當他見到蘇菲派行者展現的奇蹟後，感動之餘便又重新信起伊斯蘭教了（楊海英《蒙古與伊斯蘭的中國》）。

佛教徒與伊斯蘭教徒共生的地區，總是不斷上演寬容的歷史；若是沒有支那人惡質的煽動，宗教之間根本不會發生嚴重爭執。比方說在東突厥斯坦（今日的新疆維吾爾自治區），保有石窟與壁畫的佛教遺跡附近就是伊斯蘭教的清真寺，兩種宗教共生共存。因為塔利班和ＩＳ（伊斯蘭國）的緣故，伊斯蘭教總給大多數人一種排他宗教的印象，但至少在中亞的歷史上，以暴力排除其他宗教反而是極少數的特例。

◎世界帝國蒙古與宗教

忽必烈治下的元朝，將藏傳佛教定為國教。之所以如此，其用意應該是藉由選擇和儒、道不同的宗教，來防止與「漢民族」同化才對。

忽必烈是個優秀的政治家，對於異民族支配支那、結果反被「漢民族」同化這件事，自然會有所提防。只是，蒙古人的宗教乃是根基於遊牧與狩獵的自然信仰，也就是以薩滿信仰為基本，因此並沒有一套邏輯，可以將支那這樣的農耕文明給納入其中。正因如此，蒙古人才會選擇藏傳佛教。到現在為止，藏傳佛教的經典中，仍然保留了許多構成原始佛教經典的梵文原語，即使是與釋迦牟尼的教誨大相逕庭的內容，他們也都能予以尊重。反過來說，正因為藏傳佛教是最不曾受到「漢民族」影響的佛教，所以對遊牧民蒙古人來說，也是最適合用來防止支那化的宗教。在多文化共存的寬容環境下，讓它們保持各自的獨立性，元朝的宗教政策，由此可窺見一斑。

順道一提，後來也有

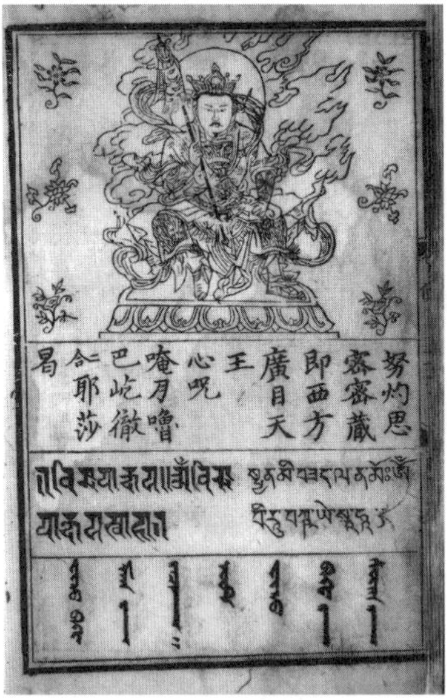

元朝的佛經，上面寫著稱讚西方廣目天王的詩歌。內容是梵文、藏語、蒙古語，以及漢文四體合璧。幾乎相同內容的題詞，也出現在鄂爾多斯高原的阿爾寨石窟內。

立志改革佛教的日本人，將希望寄託在藏傳佛教身上。明治時代以降，日本的佛教界因為對漢文翻譯而來的經典抱持疑問，於是掀起了一股閱讀原典的運動。之後，佛教學者河口慧海、多田等觀，以及西本願寺的僧侶大谷家等人，都陸續前往西藏，帶回經典。

然而，元在把佛教與伊斯蘭教納入掌中的過程裡，也爆發了宗教論爭。對此一槌定音的，是蒙古帝國第四任皇帝蒙哥（一二〇八～一二五九年）。他召集了藏傳佛教、道教、伊斯蘭教、還有基督教的代表，展開一場辯論大會（道佛論爭）。四派的代表花了好幾周的時間，以「哪個宗教最能帶給人民利益」為主題，來闡述自己宗教的優點。令人感興趣的是，擔任裁判的蒙哥，並沒有做出哪個特定宗教獲勝的結論，這可說是一種非常巧妙的政治手法。蒙古帝國必須展現出對所有文化寬容的態度，所以避免選擇特定的宗教，才是明智之舉。這個戰略完全奏效了，在沒有結論的情況下，四派代表各自在回憶錄中表示「自己的宗教獲勝」，並持續進行傳教活動。

就像這樣，蒙古帝國的統治不只是憑藉軍事力，也是靠著巧妙的多民族、多宗教、多文化共存政策來加以支撐。至於另一項支撐蒙古帝國的武器，則是蒙古語。

一九八〇年代，在西藏自治區拉薩市的博物館中，發現了明朝的外交文件。那是明寫給緬甸的文件，不過除了兩國的公用語之外，還有用蒙古語和藏語書寫。從這點可以得知，蒙古語一直到明朝相當晚的時期，都還被當成亞洲的公用語和外交用語來使用。

現代的中國語則是一九一九年的「五四運動」時所創造出來的產物，在此之前的漢語是一種為了保留官方記錄而使用的書面語，對中國人以外的人們來說相當難理解。在這一點上，蒙古語因為是白話，所以相當清晰易懂，而在書寫上，維吾爾文字蒙古語也相當適合擔任外交的公用語。

◎排外的明朝支那，在文化上是一片荒蕪

一三六八年，支那人的明從元手中奪走了政權。接著如前所述，他們開始迫害伊斯蘭教，結果信徒紛紛逃往西北部的甘肅、寧夏，以及更南邊的雲南地區。特別是雲南地區在元滅亡後的數十年間，仍然被蒙古人所占領，因此伊斯蘭信仰也在那裡殘存下來。現在受到政府迫害的維吾爾人，也有很多穿過雲南省，逃亡到泰國或是緬甸；協助他們的，都是當年雲南留下的伊斯蘭教子孫。

明朝支那雖然也有對佛教深感興趣的皇帝，但他們的下場必定都是被趕下台，甚至還被批判成異端。明朝支那相當恐懼異民族的叛亂，所以採用高壓政策。不只如此，他們還施行海禁（鎖國）政策，嚴重妨礙了文化與經濟的發展。據川勝平太先生在《文明的海洋史觀》中所述，當蒙古帝國瓦解之後，接著便是「海洋亞洲」受西洋影響的時代。明朝支那錯過了這個「海洋亞洲的時代」，陷入比中世紀歐洲更黑暗的時代當中。

元朝之前的宋，也跟明一樣是支那人的政權。可是，宋朝誕生了世界三大發明——火藥、羅盤、活字印刷，還創造出了即使現代也是世界有名的景德鎮陶瓷器，在文化上綻放出獨特的色彩，經濟也相當發達。到底明和宋之間的差異為何？

宋說穿了是遭到北部的北方民族——也就是契丹人和金人——所壓迫，以東南沿海地區為中心的「小支那」。我們可以確切地說，這個較小的規模，對於維繫只有支那人存在的「民族國家」，以及「漢民族」來說，都是最適合不過了。像明這樣擁有比宋更廣大的領土，且不得不統治其他民族的情況，對於無法容納其他文化、文明的「漢民族」，可說完全不適合。這一點在現代中國共產黨的政權運作上，也是相通的。

順道一提，明朝在十五世紀曾經派遣艦隊前往非洲，指揮這項航海計劃的鄭和實非支那人，而是阿拉伯系的伊斯蘭教徒。又，他實際上訪問的都是元在以前就已經建立的據點城市，換言之就是一種親善訪問罷了。明在本質上，並不是一個「帝國」。

◎源自「文殊菩薩」的大清，是個開放的國家

清是一六三六年成立的滿洲人王朝。

正如前面所述，「Manchu」（滿洲）這個名字，是來自佛教的文殊菩薩。當朝代由元轉為明的時候，文殊菩薩的信仰也傳入到居住在歐亞東端的通古斯系狩獵、遊牧民族當中（杉山正明《遊牧民的世界史》）。有一種說法是，當時在山東省的「漢民族」間，文殊菩薩的信仰相當盛行。可是同為漢民族的明禁止這種信仰，所以他們便越過渤海灣，在今天的大連一帶登陸，與通古斯系的人們交往。之後，這些虔誠信仰文殊菩薩的通古斯人，便將自己的名號稱為「滿洲」，這就是滿族的起源。

大清最明顯呈現出其多民族、多文化國家特色的，就是在它的語言政策上了。第六代皇帝乾隆皇帝，曾經編纂過一本名為《五體清文鑑》的辭典。在這當中，他把滿洲語、蒙古語、藏語、支那語，還有突厥系的維吾爾語，五種語言全都列為公用語，並彙

整在一本辭典當中。換言之，這是把創造多民族國家的國策方針，以辭典的形式表現出來。滿洲人讓出政權後，故宮博物院也交到了中國人手上。原本故宮的所有殿門都寫著滿洲文字、蒙古語、漢字的題詞，可是到了中華人民共和國的時候，卻漸漸地將它改頭換面，變成全都只剩漢字的狀況。文化的多樣性到了「漢民族」手上，就全被抹消了。

宗教政策也是一樣。

清的皇帝都以「藏傳佛教的最高施主」自居。特別是乾隆皇帝，更宣稱自己乃是菩薩之一；在相關的佛教繪畫中，乾隆皇帝自己坐鎮中央，周圍則是環繞著諸佛（石濱裕美子《清朝與藏傳佛教》）。在此同時，大清皇帝也是伊斯蘭教的保護者，在作為支那人皇帝的同時，也熱心於研究回教（杉山清彥《大清帝國的形成與八旗制》）。

儘管他們的滿洲本性不曾遺忘，只是在王朝後期，他們在某個程度上卻變質成比漢民族更像漢民族的皇帝。忽必烈等蒙古帝國領導者憂心的「和支那人（漢民族）同化」，明顯發生在他們的身上。

接著，在大清末期的十九世紀後半，發生了三次重大的宗教叛亂——太平天國之亂（一八五一～一八七二年）、回亂（一八六四～一八七七年）、義和團之亂（一八九九～一九〇一年），嚴重動搖了清的統治架構。

一八五一年爆發的「太平天國之亂」，其母體拜上帝教採用的是基督教的教誨。為此，在世界史課堂上往往將之解釋成「基督教徒的叛亂」；但事實上，其真正面貌乃是來自「漢民族」社會中，更加根深蒂固的事物。他們不是正統的基督教，軸心是基督教式的新興宗教、也就是拜上帝教，外圍則是祕密結社化的白蓮教徒，這些人才是整個動亂的最大推手。為此，太平天國運動時期的中國人，在反滿洲人、蒙古人的同時，也表現出一種排外的態度（佐藤公彥《中國的反外國主義與民族主義》）。

另一方面，日本或許不太熟悉、但卻堪稱大清滅亡導火線的，則是一八六四到一八七七年間，發生在西北的「穆斯林大叛亂」（回亂）。以陝西省伊斯蘭教徒與漢人的武力衝突為開端，很快形成一股蔓延到甘肅、寧夏、青海的大叛亂。以支那語為母語的回民與維吾爾人，和土耳其系的撒拉人聯手，使得大清得花整整十五年，才能將這場叛亂鎮壓下來，因此耗盡國力（楊海英《蒙古與伊斯蘭的中國》）。

接著在一八九九年，爆發了「義和團之亂」。一開始，它原本只是反對基督教傳教的活動，但隨後加進了漢民族的排外主義，演變成排斥外國人的運動。義和團高舉的口號是「扶清滅洋」，意指協助大清政府，將西洋列強趕出國土。

可是，大清政府很擔心它會演變成「反清滅洋」——亦即將大清政府趕出支那，因此抱持著相當警戒的態度。這種局勢和現在的反日運動，也有異曲同工之處。儘管他們打著「愛國反日」的口號，攻擊日本投資的超市，但什麼時候會轉變成「反共反日」，誰也不知道。深知中華文明特質的共產黨政府，對這點相當戒慎恐懼。

二、今日依然持續的宗教衝突

◎宗教大國中國的矛盾

中國的人口，如今已經超過了十三億人。在這當中，基督教徒據說有一億三千萬到一億五千萬人左右，從各方面來看，將來都會成為世界上最大的基督教國家；除此之外，穆斯林（伊斯蘭教徒）也超過了一千兩百萬人。共產黨政府雖然沒有公開數據，不過他們對這個龐大的數量深感恐懼，也屢屢強加鎮壓。

另一方面，中國政府雖然在檯面下不斷商談，試圖和梵蒂岡的羅馬教宗建立外交關係，但是兩方始終未能達成共識。正如本章開頭所提到的，因為現今中國的教會是由政府所管理，所以和梵蒂岡已經斷絕聯繫超過六十年；從教廷方面看來，認為中國根本沒有學到基督教的正確教誨——超過一億人的基督教信徒與漢民族的文化同化，接受扭曲的信仰，這很有可能會動搖羅馬教會的正統性，是個相當嚴重的問題。為此，梵蒂岡一直想把主教的任命權從中國手中取回，任命能夠傳達正確教誨的人來擔任這個職務。但對中國政府來說，若是允許教廷的要求，則這些龐大的信徒都會被外國勢力所支配，所以始終堅決反對。

另一方面，伊斯蘭教則不曾處於基督教這樣的斷絕狀態。一開始，信徒前往麥加巡禮是被允許的。可是，中國政府因為擔心當這些人在麥加接觸教誨後，發現跟自己在中國所見所聞的東西大不相同，可能因宗教而對國家產生懷疑，搖身一變成為反共運動者，於是也開始對巡禮加以限制。不過另一方面，以觀光名目出國前往泰緬，然後再到麥加的「繞道巡禮」也年年增加，是現在政府公布巡禮者的好幾倍。

關於佛教，中國對藏傳佛教與十四世達賴喇嘛的打壓早就廣為人知。一九五九年，為了達賴喇嘛的人身問題，人民解放軍與藏人爆發了武力衝突；結果，達賴喇嘛逃亡到印度，宣布成立臨時政府，而中國政府依舊把西藏自治區的獨立運動當成「分裂運動」，持續鎮壓。這種衝突的背景，果然還是出於中國人——也就是「漢民族」，對於無法控制的文化與宗教的恐懼感吧！

◎漢人為什麼害怕宗教？

中國人之所以害怕其他宗教，與其世界觀有著密切關聯。道教的世界觀可稱為「天帝思想」，頂點是治理天界的天帝，而皇帝則是承天帝之命，統治現世的人物。換言之，他們的宗教世界觀，與現實的政治是連繫在一起的。從其他宗教角度來看的話，中國人的宗教可以這樣替換：教祖、指導者是「皇帝」，教團幹部是「大臣」，信徒則是「軍隊」。

更進一步說，既然是個集結大量信徒的宗教團體，所以在他們的想法中，會認為反體制勢力都是在進行革命的準備。正因如此，政府在面對外國傳入的宗教時，會要求中國人在思想上修正回本來的道路，若是不從，便毫不留情地加以鎮壓。

在這裡就要講到另一個話題：中國人一直被所謂的「中華思想」所囚禁，這種思想認為只有自己的文化正確，其他的全是錯誤；即使沒有問題，價值也很低。可以說是一種不接受他者的思想。

相對於此，歐亞的遊牧民之所以接受外來宗教，也是為了迴避和支那人（漢人）同化。滿洲人信仰文殊菩薩，蒙古人以景教為首，將伊斯蘭教、佛教乃至摩尼教等都納入本國的宗教政策中，都是為了達成這個目標。相反地，中國文明就只有同化力而已，大清一個不注意就遭到融解，因此可說是一種相當危險的文明。

現在，中國高壓的民族政策宣告失敗，民眾頻繁掀起暴動。我在二〇一三年訪問新疆維吾爾自治區的時候，當地的警察可以恣意對維吾爾人進行職務質問和家戶盤查。即使是現在，新疆維吾爾自治區的伊斯蘭教徒，反

南蒙古呼和浩特市內，中國人（漢人）露天市集的風景。在左邊兩種成吉思汗的雕像中間，有一尊毛澤東坐在椅子上的塑像。在右手邊布袋和尚的隔壁，也擺著毛澤東像。蒙古人對中國人以這種形式，將民族的始祖成吉思汗商品化，其實抱持著強烈的不滿。對中國人來說，只要能賺錢，不管布袋和尚也好、全國人民的偉大領袖毛澤東也好，都能拿來賣錢。更不要說對異民族的成吉思汗，他們根本不覺得有什麼必要抱持敬意。一個平平凡凡的日常風景，就具體呈現了中國人的精神性。

政府的運動也相當熾烈。不過雖然同是穆斯林，但遜尼派與什葉派的權力關係相當複雜；表面上是與沙烏地阿拉伯關係密切的遜尼派占優勢，但實際上，和伊朗有所聯繫的什葉派，勢力也不小。

更無法忽視的是，維吾爾人和土耳其共和國之間的關係。維吾爾人自認是在中亞開枝散葉的「突厥之民」的一支，聯繫意識非常強盛。同樣是伊斯蘭教徒占多數的土庫曼、哈薩克、烏茲別克等突厥系國家的人們，一九九一年自前蘇聯獨立，現在都得以拋除俄羅斯的影響力，保持信仰自由。維吾爾人也強烈希望能夠獨立，但中國人的共產黨政府當然是不會允許這種作為。

中國政府對周邊民族抱持著和國內宗教團體同樣的恐懼感。作為擁有廣大國土與眾多民族的國家，在統治上理應尋求共生之道方為正軌，但他們卻無法捨棄不容異己的狹隘中華思想。對現在的中國政府而言，最大的火藥庫乃是有眾多伊斯蘭教徒居住的內陸地區。

另一方面，即使在中國人支配的中央地區，在貧富差距擴大等背景下，社會的不安也逐漸蔓延開來。在中國政權不安定的情況下，隱藏在地下的宗教團體，便以叛亂的形式開始浮現。這裡必須再度指出的是，一九九九年，超過一萬名法輪功信徒包圍北京中南海的事件，正是最好的例子。若是中國共產黨的霸權要出現裂痕，那麼從宗教政策失敗開始的可能性相當高。

當我們在談論文明的時候，可以分成兩種方法：以土地為基軸，或是以宗教為基軸，這是梅棹忠夫先生在《文明的生態史觀》中所強調的。雖然不該太拘泥於土地，不過本書還是把重點放在歐亞的草原地區。另一方面，當我們注目宗教時，會發現從比較文明史的觀點來看，中國共產黨絕非中華文明的異類——更正確說，應該是中華文明的寵兒才對。他們將中華文明最排他的特徵，以民族主義的形式具現出來，和本書所詳述的歐亞遊牧文明，呈現出完全異質的存在。

最後，梅棹忠夫先生在名著《文明的生態史觀》中，做了一段獨特的發言：「現代的課題」是什麼？就是生活水準的提升，以及面向未來。蘇聯消滅後，只剩下「孤獨的中國特色專制主義」孤懸殘存；如何化解各種差距，以及改善文明論上的仇恨心態，乃是今日中國不得不思考的重要問題。

後記

蒙古國南部戈壁草原的遊牧民。他們在擠乳的時候，會將山羊的脖子用一條繩子繫起來；擠完之後解開繩子，瞬間便能解散羊群。

身為蒙古人的我，於一九八九年三月「襲擊」了博多。當我在大分縣的別府大學就學一年的時候，校長賀川光夫教授將自己的名著《農耕的起源——探尋日本文化的源流》贈送給我，當時的感動，使我至今都難以忘懷。又，我在來到日本之前，跟當時同大學的亞洲歷史文化研究所所長二宮淳一郎教授，在北京也有一面之緣。當專攻史前考古學、古人類學的二宮教授前來北京的中國古生物研究所訪問之際，我擔任了他的翻譯。二宮教授相當熱心於探詢北京人的發掘、以及分布中國各地的舊石器與新石器時代遺跡。那時候，我和他提起我小時候常去遊玩的薩拉烏蘇遺跡，他如獲新知的興奮表情，或許也是驅使我前來日本的原因之一吧！

在別府大學，我參加了中野幡能先生的研討會。中野教授在一九四三年畢業於東京帝國大學文學部宗教學科後，便被徵召到中國戰線服役；戰爭結束後，在蔣介石總統的「以德報怨」政策下順利返國。因此他做出了這樣的證言：「先前的支那是很好也很了不起的，但中共政權就糟糕到不行。」在他的指導下，我試著解讀宇佐神宮廳所藏的《宇佐神宮史・資料篇》，但我發現儘管那明明是「漢文」，我卻完完全全不知如何閱讀。眼見我的無能為力，中野先生說了一句話：「宇佐信仰固然重要，但我更想聽聽蒙古人的薩滿信仰。」這句話給了我相當程度的激勵。他也把自己的著作

《八幡信仰》，以及他的老師、東京大學的岸本英夫編著的《世界的宗教》，當作禮物贈送給身為窮學生的我。二〇〇二年十二月，當我在中國西北部調查伊斯蘭的蘇菲教團時，接獲了中野先生的訃聞。沒能將中國伊斯蘭社會的實態報告給他，實是我深刻的遺憾。在我離開別府、移居大阪後，他所主導的財團還給了我三年的獎學金進行援助；這份學恩，我一生都忘不了。

到了第二年、也就是一九九〇年，我進入大阪的國立民族學博物館（民博）總合研究所就學。這是一間梅棹忠夫教授貫注心血創立的研究所。我在北京的時候，就已經閱讀過梅棹先生的《文明的生態史觀》，對於他在戰前南蒙古進行調查活動的事，當然也知之甚詳。在這間雲集了世界一流學者的民博內，我受到了形形色色的薰陶。接著在一九九一年，我追隨恩師松原正毅教授，前往新疆維吾爾自治區、哈薩克共和國、蒙古國，還有俄羅斯聯邦，進行遊牧民世界的實際考察。當時，松原教授主持著以下幾項科研計劃：

「阿爾泰山、天山地區遊牧的歷史民族學研究」（平成三～五年）

「蒙古地區民族形成的歷史民族學研究」（平成七～九年）

之後，在科研計劃的代表——小長谷有紀教授的努力下，「關於蒙古高原遊牧變遷的歷史民族學研究」也持續推進。不管哪一項計劃，我都有榮幸參與其間；而這些草原的調查，對我來說也是寶貴的啟蒙教育。調查團以松原教授為團長，包括小長谷有紀教授（文化人類學）、濱田正美教授（時任神戶大學文學部教授．歷史學）、堀直教授（時任甲南大學文學部教授．歷史學）、林俊雄教授（創價大學文學部教授．考古學）、萩原守教授（時任神戶商船大學助教授．歷史學）等人所共同組成。當我在遺跡裡的時候，曾經拿著捲尺「偷師」林俊雄教授的測量技術。又，在相關的文獻研究上，我也受益於濱田教授、堀教授與萩原教授甚多。在他們口中，不只是歐洲各種言語的文獻，就連波斯語、突厥語和蒙古語的文獻，也能瞬間朗朗上口。我將這些內容逐一筆記下來，回到日本後便前往民博的書庫裡探尋閱讀。教授們在這之後以形形色色的方式公開調查的成果；林俊雄教授總是會從東京寄送《草原考古通信》給我，每次看到總讓我感到愉悅。在本書中，也有引用林教授的著作。

事實上，在前往歐亞草原之前，我曾經短期以旁聽者的身分參與了京都大學東洋史教授杉山正明先生主導的「元史．世祖本紀讀書會」，以及「石刻資料會」。大阪國際大學的松田孝一教授、大阪大學的森安孝夫教授、奈良大學的森田憲司教授，以及松川節（現任職大谷大學）、中村淳（現任職駒澤大學），在研討會上，總是會

「像蒙古帝國一樣，用多種語言進行議論」。我從這些研討會中，也學到了相當多知識。

最後，本書乃是在科研費援助下、採用很早以前就開始進行的〈透過畜牧文化解析，對歐亞非內陸乾燥地文明及其現代動態之研究〉（基盤S、研究代表者：名古屋大學教授嶋田義仁，平成二一～二五年度）研究成果為基礎，進行嶄新彙整的成果。嶋田教授身為學界的前輩，於公於私都相當照顧我，也總是給我溫暖的支援。特別是當二〇一三年春天，我們兩人一起前往新疆維吾爾自治區天山南麓

一九九五年八月，我在蒙古國西北部拍攝的一張照片。從前列右排起，分別為林俊雄先生、濱田正美先生、堀直先生、松原正毅先生、蒙古國考古學者那旺先生、小長谷有紀先生、蒙古國文化人類學者魯巴克旺斯連先生，以及萩原守先生。

進行調查旅行的時候，他針對本書的基礎內容，給了我許多寶貴的指點。我總是站在「歐亞中心史觀」的視野來看東西，但是嶋田先生卻提醒我，「一定要把視野放寬到非洲才行」。很遺憾的是，我對非洲還是一無所知。

全力促成本書出版的，是文藝春秋國際局的下山進先生、仙頭壽顯先生，以及《文藝春秋 special》編輯部的前島篤志先生。本書的〈終章〉乃是從《文藝春秋 special》第三十四號、〈序章〉則是從《文藝春秋 special》第三十六號刊載的內容進行大幅修改而成。至於本書整體的編輯與構成，則必須感謝片瀨京子小姐的努力。在此謹銘記感謝之意。

楊海英

二〇一六年（平成二十八年）七月

「文明的遊牧史觀」研究序說——文庫版代後記

蒙古高原西部扎布汗省境內的古墳。

在這世上，應該沒有任何國家像日本這麼喜歡中國。在這世上，也沒有比任何民族比日本對中國文化造詣了解得更深。

在日本出生長大的日本國民，幾乎都會讀寫漢字，喜歡漢詩，同時也能閱讀理解漢文。若是去中國旅行，光是靠教科書上學到的知識，就足以確切地瀏覽各個名勝古蹟，和當地人之間也能以漢字筆談。若是對方在某種程度上也能閱讀日文漢字的話，那彼此之間就能相互溝通交流。是故，日本人都認為自己對中國的理解很深。

可是，當體驗到現實的中國之後，往往也有許多人會感到失望不堪。孔子與孟子描寫的高潔人士、寡慾君子，在現代中國得遇的機率可說相當之低。現實所見，盡是髒汙的社會，以及讓世界大皺眉頭的暴發戶中國觀光客。不只如此，中國粗暴的政治體制也讓慣於親近民主主義的日本人大感困惑。中國人對完全相異的民族——維吾爾人，將他們數以百萬計地送進強制收容所，還把他們的故鄉東突厥斯坦（新疆）持續改造成殖民地；對於北京政府的這種作法，日本人看了，大概也只能理解成前近代的作風吧！

為什麼現實的中國，和印象中的「中國」，差距這麼大呢？

為什麼在已經邁入二十一世紀的現代，中國政府還會在光天化日之下對特定民族進行種族清洗呢？

為了解答這個疑問，我在二〇一四年寫成了這本書。

◎何謂「逆轉的歷史觀」？

本書是從歐亞文明立足，對偏居東亞小小一隅、不斷上演興亡盛衰的中國歷史進行概觀與分析[1]。

所謂「逆轉」的視角，就是歐亞遊牧民的視角。日本人因為打從一出生，就習慣從日本列島往西眺望亞洲大陸，所以中國在他們眼裡，感覺比實際要來得大上許多。可是，若從歐亞大陸往東南眺望，便可以掌握住原寸大小的中國實像。中國人的行動與他們所建構的文化，幾乎不曾越過帕米爾高原以西。古代中國人對自己所建設的萬里長城外側，在文化上的影響力極其有限。呈現出這些事實的歷史，便會產生逆轉的效果。

我是蒙古人，從小就說蒙古語，受到畜牧文化所培育長大。我的故鄉是蒙古高

1 本書語猶未盡的內容，請詳見作者新作《名為「中國」的神話——習近平「偉大中華民族」的謊言》（「中国」という神話 習近平「偉大なる中華民族」のウソ）。

原最南端的鄂爾多斯，隔著萬里長城與中國接壤。因為我所受的是歐亞遊牧文明的薰陶，所以愈是閱讀中國的資料，就愈是有種扞格不入的感覺。漢籍的一大特徵，就是對歐亞遊牧民——比方說匈奴、突厥、蒙古以及滿洲——極盡歪曲與非難。歷世中國人的誹謗中傷，和現實中我輩的生活方式差異甚大，我無論如何也無法理解他們的偏見。於是，我醞釀出了逆轉的歷史觀。

但是，光從蒙古的觀點來看並不夠充分，對於這點我也有自覺；於是一九九一年起，我得到機會，前往東突厥斯坦（新疆）、哈薩克、以及俄羅斯聯邦進行調查研究。在那裡，我得以親身和一流的中亞研究者彼此接觸，並且在歷史的現場，接受學問的訓練。將他們的指導與哈薩克人、維吾爾人的觀點結合思考之後的結果，便誕生了本書。初版的時候我已說明過，本書乃是日本學術振興會科學研究費下，進行調查研究的成果，在此再次強調。中央歐亞諸民族的見解，正是與中國相對化的逆轉視角。

中國人對歷史的思考模式，早在司馬遷的時候就已經奠下了原型。在他們的思考方式中，草原之民雖然勇敢，但卻「野蠻」；遊牧生活雖然浪漫，卻遠遠不及農耕。之後，像司馬遷這樣獲得豐富資訊、實際觀察遊牧民的狀態、並抱持柔軟視角的中國人，再也沒有出現過。他們的歷史記述就這樣停滯了兩千年，對異文化沒有正確認識的原因也在於此。對於他者和多民族用自己的尺度加以理解也就算了，最終還把這些敵對的對手修正成屬於自己的一員，用中國史的力量來掩蔽事實。

正如本書所述，中國有史以來，對匈奴總是屢戰屢敗，又遭到中亞突厥與吐蕃（西藏）的侵略，還被蒙古所支配，但現在卻反過來解釋說，「匈奴、突厥、吐蕃、蒙古，都是我國古代的北方少數民族，也是偉大中華民族的一員」。在做這種歷史修正之際，中國人也說自己一直輸給遊牧民這點並沒有史實根據，就連不得已供出女性，採取「和親政策」這種不名譽的通婚，也被他們說成是一種武器。他們說，北亞和中亞遊牧民娶了中國女性，就是「漢朝的女婿」，因此「女婿」的國土，也是「中國自古以來不可分割的領土」，簡單說就是一種虛擬的家族論。當領土和國境這類近代國民國家成立才出現的政治概念適用於本國的時候，中國人就連過去的屈辱，也能毫無例外地將它派上用場。從這點來說，逆轉歷史的榮譽，真應該頒給現代中國人才對（《名為「中國」的神話》）。

弱小的古代中國人，沒有越過長城以北進入蒙古草原的勇氣。草原地帶降雨量相當少，並不適合仰賴雨水的貧弱農耕。但是，中國人卻看上了嘉峪關以西、東突厥斯坦的綠洲地帶。靠著西亞起源的高度技術——透過地下渠道引來山岳地帶的融雪水進行灌溉——經營起來的綠洲農業，是當地人賴以為生的重要手段。為此，中國人自古以來，便執拗地企圖占據天山南北的綠洲地帶，並將它們當成殖民地來支配。

古代中國人將這些在綠洲地區繁盛一時的國家群稱為「西域諸國」，這表示他們也意識到這些操印歐語系語言的原住民，在現實上乃是歐亞的一員，且與蒙古高原之間有著強烈的聯繫。中國屢屢以「斷匈奴右臂」為目標，對西域展開侵略。對蒙古高原的遊牧民來說，天山南北正是歐亞往來之際的要衝，所以那裡的居民，確實是有如他們右臂的存在。

儘管日本的現代史界對此還不甚了解，不過蒙古人民共和國自一九二四年成立以來，便一直想要將東突厥斯坦的北部——也就是中國人所謂的「北部新疆」地區，統合進自己的領土當中。在「北部新疆」遊牧的蒙古人與哈薩克人，相當積極響應與蒙古人民共和國統一，而蘇聯的領導人史達林也不怎麼反對。然而，若是蒙古人與哈薩克人合流，形成巨大國家，有可能會使得歐亞遊牧民不歡迎蘇聯的統合。之所以如此，是因為哈薩克人等歐亞的突厥系遊牧民，還是受到成吉思汗的直系子孫所統率，總是會集結在蒙古旗下之故。結果最後，以社會主義統合為優先的史達林，並沒有允許遊牧民的民族主義高漲起來，因此東突厥斯坦與蒙古高原的一體化，最終沒能實現。

中亞東突厥斯坦（新疆）若與蒙古高原統合為一，對中國將造成很大威脅。因此，為了斷蒙古的「右臂」，必須確保東突厥斯坦才行。這就是中國投注全力，占據維吾爾人的綠洲、將維吾爾人逼入滅絕境地、意圖創造出「中國人的新疆」，背後所隱藏的真正意義。

這樣將過去與現在連結來看，我們就可以察覺，歷史絕不只是過去的戲碼，而現實世界中也包含了過往的怨靈。基於逆轉史觀的本書執筆之目的，就在於把中國對其他民族的歧視、中國的自我中心史觀、以及日本自古以來對中國的過大評價加以相對化。與歐亞相異，日本自古代起便積極引進中國文化，並從而展開獨特的發展。若是將中國相對化，會不會招來對日本文明自身的批判呢？我也可以想見，會有日本人抱持著這樣的不安。為此我必須說，日本人是不是一直以來對中國太過抱持著自卑情結，而這種自卑感往往反過來，與對中國的過大評價相連結了呢？

◎文明間對立的前奏曲

歷史上的中國人因為是農耕民，乾燥的草原與沙漠阻止了他們向北方侵略，使得他們轉向南方，越過長江擴散開來。萬里長城正是一道中國人自己建立起來，為阻止自己國家的人民前往「野蠻的世界」，並集中在南方「樂園」而設的圍籬。

進入近代以後，情勢為之一變。日本人從列島崛起，踏足歐亞東部，同時也帶來了可以在寒冷的滿洲與南蒙古東南部栽培的稻子。殖民到滿洲南部和南蒙古東南部的中國人農民，從好心的朝鮮人與日本人開拓者手中接獲能耐寒冷的稻種之後，便將它撒遍整個廣大的草原。豐收的米養活了侵略草原的中國人農民，不久後他們的人口便凌駕在原本的住民——滿洲人與蒙古人之上，從而獲得長城以北的支配者地位。中國人初次成為遊牧世界的支配者，乃是靠著日本人技術革新所帶來的結果。

歐亞世界與中國的關係，就是遊牧文明對農耕文明的關係。俄羅斯人和中國人雖然長久以來一直遠遠眺望著乾燥的歐亞草原，但對踏足其間始終感到猶豫；不過當他們擁有近代的科學技術後，這種猶豫便煙消雲散了。進入近代後，他們沿著大河（頓河、阿姆河、錫爾河、東邊的黃河與額爾齊斯河等）修築起殖民村落和軍事要塞，並開拓農耕地。就這樣，俄羅斯人從西邊帶來的歐洲工業文明，以及透過中國人為仲介、由日本等海洋民族獨立發展的工業文明，紛紛進入了草原與綠洲地帶。

和俄羅斯人驅策近代文明的圓熟相比，中國人還顯得不甚熟稔；結果，歐亞各民族和俄羅斯人能夠建立起良好的關係，但和中國人之間卻彼此齟齬，不斷發生衝突。蘇聯對民族問題做了很好的解決，使得中亞諸民族能夠獨立發展、且擁有屬於自己的國民國家。另一方面，中國則引進最新的ＡＩ（人工智慧）技術，對維吾爾人與蒙古人進行監視，不斷強化鎮壓，結果反而使得民族問題完全看不出終止的跡象。從歐亞視角來看，俄羅斯（蘇聯）是自己文明的一員，但中國則是其他世界的成員，是馬克思所說的專制主義、亞洲生產模式的後繼者。

進入二十世紀後，狀況也還是沒有改變。從文明史的觀點駐足觀察，我們可以發現，不管資本主義或社會主義，都是誕生在濕潤的森林與農耕地帶；至於俄羅斯人和中國人，則是這種森林、農耕文化的主要推手。為此，他們對於在乾燥地帶繁盛發展的遊牧文明，既不關心也一無所知；結果當然就是蘇聯和中華人民共和國對所支配的乾燥地持續造成環境破壞。環境的破壞激化了民族間的對立，到今日更形惡化，呈現出一副文明衝突的樣貌。

今日，帶著豬的中國人大舉入侵南蒙古與東突厥斯坦的草原，將遊牧民蒙古人與哈薩克人逐走，興建起巨大的養豬場。生長在濕潤地帶的豬，逐步取代了棲息在草原上的有蹄類，也就是可以擠奶的五畜（羊、山羊、牛、馬、駱駝）。豬與五畜對立的背後，隱藏的是乾燥地的遊牧民與濕潤地帶的農民、無神論的中國人與伊斯蘭教間，深刻的宗教與文明對立。這種種對立與歷史的沉澱物相結合，形成冰凍三尺非一日之寒的難解之局。

歷代中國政權不只是嚴防歐亞遊牧民突破長城進入中原，也禁止自國的農民與冒險家和「野蠻人」的世界相互匯流。越過長城的中國人，往往會背叛中央政權的指令；成為歐亞一員的中國人和「野蠻人」攜手南進，建立新的王朝，這樣的史實有無數次可以確認，在本書中都有說明。美國的「步行歷史家」歐文．拉鐵摩爾，之前曾經稱這種「越過長城的中國人」為「邊境的儲水池」（Owen Lattimore, *Inner Asia Frontiers of China*, 1940, American Geographical Society）。「儲水池」內的「水」極不安定，隨著長城兩側勢力的消長，會向何方奔流一切不明，可說是把兩面刃。

為了讓在邊境「儲水池」內、手持兩面刃的中國人，以及歐亞的「野蠻人」雙方沉靜下來，現代中國打出了所謂「一帶一路」的巨大政治經濟構想。但事實上，不管陸上也好、海上也好，這些路徑都是自古以來便已開闢的交易之道，而擔任推手的，也包括了當地人民。中國文明絕不是通過無人地帶而傳遞到羅馬的。相反地，正因為中國的存在日趨薄弱，所以現在才必須構築新的政治與經濟通路，不是嗎？以支援踏足各地的中國人為形，將邊境「儲水池」內的「洪水」盡可能地往外引流，這就是「一帶一路」的真正目的。

◎相對化的中國反智特質

將歷史逆轉觀看的目的，是為了看穿中國反智主義的本質。

中國的讀書人直到近代為止，都不願承認自己的國家是位於地球北半球的事實，而是堅信自己乃是世界的中心。當社會進化論從歐洲傳來後，便與傳統的華夷秩序思想相結合。他們依據「先進的西洋思想」，為自己的國家做出這樣的定位：中國人的進化僅次於白人，比起其他有色人種、特別是歐亞的遊牧民更先進。儘管在學術研究成果有著飛躍性更新的現代，中國人仍然不願放棄「萬里長城以南是世界中心、也是人類發祥地之一」的妄想。

最明顯的事例，就是中國人乃是「北京人」直系子孫的這種說法了。某位古生物病理學家，對此就有以下的批判：

在中國，有很多人都支持中國人乃是「直立人」（Homo erectus）直系子孫的看法。中國的古人類學者主張，有眾多證據可以支持中國人的地域連續性，而中國人乃是一百萬年以前到達東亞的舊人類直系子孫。他們還說，從太古中國的直立人化石中，已經可以看出現代中國人的輪廓特徵。這和目前廣受各界接受、認為全世界的現生人類都是起源於非洲的說法，彼此相互對立（愛麗絲·羅伯茲《人類二十萬年——遙遠的旅程》文春文庫，二〇一六年）。

中國發現的現生人類最古的化石，大約是四萬兩千年前至三萬九千年前的產物；次古的化石則是在沖繩縣的山下町發現的大腿骨，據判斷約是三萬兩千年前的產物（愛麗絲·羅伯茲《人類二十萬年——遙遠的旅程》）。中國人不是現生人類（Homo sapiens）的一員，而是直立人的直系子孫，這種認知就跟地球和人類乃是神所創造的思想如出一轍，是典型的反智主義。可是，中國人卻對此毫不在意；正因如此，他們在學問的發展上，經常落後於世界。

既然中國人自認從直立人的時代就居住在東亞，那他們必然會針對歷史做出對自己有利的解釋。在這裡，我可以舉一個親身經歷的例子。

一九九二年七月十九日午後，我跟隨著恩師、時任國立民族學博物館教授松原正毅，前往新疆維吾爾自治區北部的阿爾泰山脈以西、哈巴河縣的新石器時代遺跡。在那處位於向北奔流的額爾齊斯河岸邊的遺跡中，發現了相當於細石器時代的產物。這是人類在歐亞大陸由西向東緩慢遷徙的過程中，曾經一度在額爾齊斯河畔度日的證據。當我一邊眺望河川、一邊登上某座小小的沙丘時，發現了兩個 saddle quern。

所謂 saddle quern，是前後微微高起的鞍形石臼。這是新石器時代的農民將粟或稗以及之後的麥類放在其中，再用石棒反覆轉搗脫殼的道具。據考古學者說，在歐洲的草原地帶到東亞的中國之間，青銅器雖然用在武器和禮器之上，但是在農機具的運用方面卻很少看見。為此，農民一直到很晚的時候都還愛用石器，即使鐵器已逐漸普及，還是可以看到石、鐵長期並用的時期（威廉・麥克尼爾《世界史》上，中公文庫，二〇一六年）。我發現的鞍形石臼，也是顯現這種歷史的考古學證據之一吧！

當天，我把發現的鞍形石臼交給當地的阿爾泰市文物管理局的中國人員。可是，他們沒有說出半句感謝的話。他們只是負責監視我們日本調查隊的行動，根本沒有用自己的眼睛，詳細觀察過遺跡。不只如此，對中國人來說，外國研究者在自己的領土上發現文物，也是件不名譽的事。然而，他們所謂「自己的領土」，說穿了其實是維吾爾人的東突厥斯坦，而不是中國人的支那斯坦；新石器時代的遺物也是人類全體的遺產，即使是我所發現，也不應該抱持嫉妒的態度才對。我完全不在意當地考古學者的嫉妒眼光，把東西讓給他們，然後在現場聽松原老師就鞍形石臼的變遷做了一番指導。（老師以前在京都大學，曾經發表一篇關於長江流域細石器的碩士論文。）

我和這兩個自己發現的鞍形石臼「重逢」，是在二〇一三年三月二十六日的上午。那是我和科研計劃〈透過畜牧文化解析，對歐亞非內陸乾燥地文明及其現代動態之研究〉（基盤S）的研究代表——時任名古屋大學教授嶋田義仁，一同前往新疆維吾爾自治區訪問，參訪新開幕的新疆博物館時的事。不知道為什麼，這兩個鞍形石臼被當成了相當搶眼的重要展示品，還被說成是「西域自古以來即是我國固有領土」的證據之一。把考古學的出土品利用在自己國家的政治主張上，這雖然不是什麼罕見的現象，但至少標明一下出土地與發現的來龍去脈吧？從歐亞文明的觀點來看，鞍形石臼頂多是得知新石器時代農民生活變遷的線索，但對中國來說，就變成了誇示「我國固有領土」的政治根據。在這裡，也可以明顯看出歐亞人民和中國反智歷史觀之間的差異。

◎返祖的政治手法

從歐亞遊牧文明的視角對中國史進行思考，就可以深刻理解現狀的性質與背景。中國現在是走回頭路，回到大約三百年前的民族主義。雖然自稱是一九一一年延續自滿洲人的大清，但中華人民共和國其實是返回到明朝的老路。只是，醞釀出這種返祖民族主義的手法，跟秦始皇則有類似之處。現代中國的領導人習近平，正是出身自秦朝的根據地陝西省，所以算是秦人。

司馬遷在《史記》中，描述身為秦人政治家代表的始皇是「以凶暴行善政」。換言之，儘管他的政策是好的，使用的卻是壓抑人民的凶暴手段。始皇輕視商人，處心積慮剷除政敵。這種古代秦人的印象，跟今日的習近平幾乎完全重合。習近平自二〇一二年就任政權最高領導人以來，在漢土上打著反腐敗的旗號放逐政敵，同時也把中國人所能享受的有限言論自由剝奪殆盡。他將監視全國人民日常的人臉辨識系統加以普及，強化壓抑體制。不只如此，他還在萬里長城外側、歷史上不曾為中國人所支配的邊境——東突厥斯坦（新疆）、南蒙古（內蒙古），以及西藏，推動種族清洗。

秦人自己也是出身可追溯自西方的集團，他們離開遊牧文明，緩緩轉移成農耕，然後滅掉中原六國、一統天下。秦之所以南下，是因為背後強大的歐亞遊牧民世界太過廣闊，農耕化的「背叛者」不可能回歸之故。為此，秦在統一中國之後，便在他們所謂的「河南之地」——也就是「黃河以南的鄂爾多斯」南部建設長城，以防匈奴進攻。正如我反覆指出的，他們對於長城，也有防備中國人與草原世界合流的用意。但是，歷史絕對不曾像「凶暴的秦人」所期盼的那樣轉動。在秦朝的民間，一直對於「亡秦者胡也」這句話有著深深的信仰。結果，秦因為凶暴而短命告終；然而，滅秦的「胡」並非遊牧民，而是秦二世胡亥。既然如此，那秦人習近平的統治能持續到什麼時候呢？

◎文明的遊牧史觀序說

自我來到日本，已經過了三十年的光陰。

我在日本的這段時間，總會為中國的存在，以及日本人單方面創造出來的「想像的巨大中國」，給重壓到喘不過氣來。為了離開覆蓋整個日本列島上空、「虛勢中國」的陰影，同時也為了放鬆，我總會定期前往蒙古草原和歐亞各國旅行。二〇一八年夏天，我前往中亞的烏茲別克進行調查旅行。我從首都塔什干市沿著阿姆河，一路旅行到鹹海。在一望無際的大草原與廣闊延伸的沙漠間，散布著自西元前留下來的遺跡，正是文化的寶庫。我也進入當地的博物館見習，那裡和支那的東西完全不同。果然，中國文化根本沒有傳到帕米爾高原以西（在本書中則是寫到，中國的思想不曾傳到嘉峪關以西）。

「亞洲是一個整體」，這樣相信的日本人似乎很多。可是，東邊日本人的世界觀，與印度人和巴基斯坦人的看法迥然相異。在更西邊的阿拉伯沙漠和敘利亞高原，更有完全相異的世界無限伸展。光是日本、朝鮮半島和中國三個國家，就已經不斷對立衝突了，要把一直到遙遠地中海沿岸的地區都稱為「一個亞洲」，這樣的理解果然有其極限。梅棹中夫先生過去在名著《文明的生態史觀》中，曾經提倡在東洋、西洋之外，還要加上一個新的「中洋」概念。我身為蒙古人，是遊牧世界的一員。蒙古的遊牧民，並不會認為自己是「亞洲」的一部分。在遊牧民看來，亞洲指的是萬里長城難測的中國大陸，以及濕潤的東南亞。至於蒙古人，則是歐亞的一員。

既然身為歐亞一員，那必然會與歐亞主義產生共鳴。

歐亞主義是一九二〇年代初期從蘇聯流亡異國的俄羅斯知識分特魯別茨科伊（N. S. Trubetskoi），以及薩維茨基（Petr N. Savitsky）所提倡的一種文明論。他們不從以馬克思主義為代表的一元化西洋進步主義思想來談論俄羅斯歷史，而是重視與突厥和蒙古等草原遊牧民文化傳統之間的親和性。歐亞主義的神髓，重視的並非亞洲或西洋，而是包含斯拉夫、突厥、以及蒙古的複合文明體系。歐亞主義一方面批判馬克思流的單純進化論，同時也給予布爾什維克對諸民族的解放極高評價。蘇聯瓦解之後，歐亞各民族各自獨立，結果實現了真正的民族自決。今日，在俄羅斯與獨立各國構築協調路線之際，歐亞主義再次受到注目。不管怎麼說，歐亞各民族間因為具有相互的親和性，所以歐亞主義的實現乃是可能之事。反過來說，歐亞和亞洲的中國之間，完全看不到類似的親和性與共通的精神土壤。

我在當初，原本將本書取名為《文明的遊牧史觀》。但是編輯卻說，有關文明史觀，已經有梅棹忠夫與川勝平太兩位偉大前輩的世界史著作擺在前頭，因此現在再出本《文明的遊牧史觀》，是賣不出去的。我也希望至少自己寫的東西能多一點人閱讀和批評，因此就坦然接受了編輯的建議，改用《逆轉的大中國史——從歐亞的視角出發》[2]這個名字。

本書自出版以來便屢屢再版，獲得形形色色的迴響。不只有各種媒體刊載書評，各界的有識之士也召開演講會討論本書。我的恩師——國立民族學博物館名譽教授松原正毅也激勵我：「若要討論文明的遊牧史觀，更加細緻的議論，與更深一層的宏觀視野，都是不可或缺的。」這份交給我的「習題」，我下定決心，在今後將會盡可能地加以完成。這次本書不只是文春文庫本，還承蒙《文明的海洋史觀》作者、靜岡縣的川勝平太知事惠賜「解説」。在此對以川勝平太知事為首的各位，由衷致上感謝之意。

楊海英

二〇一九年新春　筆於駿河灣畔

2 本書日文版書名為《逆転の大中国史——ユーラシアの視点から》，書名直譯為「逆轉的大中國史——從歐亞的視角出發」。

文庫版解說

文／川勝平太（靜岡縣知事、《文明的海洋史觀》作者）

橫跨江戶與明治兩個世代的福澤諭吉，晚年曾經述懷，稱自己「生歷兩世」。本書的作者楊海英先生，少年期在南蒙古、青年期在中國、壯年期在日本，擁有「半生歷經三國三世」的異樣經歷；對應這樣的生涯歷程，他也擁有三個名字——俄尼斯・朝格圖（蒙古名）、楊海英（中國名）、大野旭（日本名）。不只如此，身為學者，他也能夠自由自在地運用蒙古語、中國語、日本語，並且縱橫驅策遊牧文明的蒙古、農耕文明的中國，以及海洋文明的日本三種相關的文獻。本書在文庫版刊行的同時，在台灣也即將以中文版面貌問世。

作者的故鄉南蒙古，乃是遊牧社會。作者在中國吹起文革大風暴前夕的一九六四年，於南蒙古的鄂爾多斯高原誕生，以一位思路敏捷、身心都銘刻著遊牧靈魂的少年之姿，逐漸成熟長大。鄂爾多斯高原是南臨萬里長城、北有黃河奔流的豐饒草原地區；自古以來，當地的人們便對南方接壤的蜿蜒城牆另一端的農耕社會，抱持著相當的關心。進入青年期之後，就像自匈奴時代以來的遊牧民一般，楊先生也跨越了萬里長城，進入異質農耕社會中國的首都，追尋學問之道。然而，中國共產黨統治下的學問與言論不自由，讓他感到沉重難以喘息，於是他又捨棄了中國社會，離開北京。面對中國政府的箝制不斷深入鄂爾多斯，這顆追求自由的靈魂，只能抱持著對故鄉無止盡的深愛，踏上前往東方的旅途。

越過日本海的波濤，楊先生來到了島國——海洋日本。當他嘗試著訪日時，那種學問、言論的自由，以及滿溢的知性刺激，讓把海浪比擬為蒙古草原的綠波，追尋著自由的他，在靈魂上不由得產生深深的震撼。當他停留在日本十來年，也就是二〇〇六年、三十六歲之際，他下定決心取得日本國籍，成為現在的「大野旭」。日本各學科的學者，以本世紀的諾貝爾獎得主為例，可說遠遠超過了英國、德國、法國各國，僅次於美國，堪稱擁有世界第二位等級的水準。透過這種高學術水準對知性的鍛鍊，他潛寓內心的蒙古靈魂也日益精粹透澈，最後顯現出來的面貌，便是蒙古人同胞悲劇的同時代史《沒有墓碑的草原》（岩波書店，二〇〇九年）、《最後的馬賊》（講談社，二〇一八年）、《蒙古人的中國革命》（筑摩新書，二〇一八年）；在這些著作中，他將這樣的磨練，發揮到淋漓盡致的地步。同時，他也接受報章雜誌等媒體的邀請，以一支活力充沛的健筆，對中國政府用毫不客氣的態度，語調尖銳地加以批判。

楊先生帶著對知識的深切關注，宛如遊牧一般，輾轉於狹窄日本各地的學術機構、不斷增廣見聞，也與眾多學術碩彥有著深切交流。在這當中，與民族學、比較文明學的泰斗——梅棹忠夫先生的相遇，更是決定性的關鍵。在梅棹教授的薰陶下，楊先生在民族學的造詣上更加深廣，同時也下定決心，要朝文明論的路途更加邁進。

梅棹忠夫先生是戰後京都學派重要的干城。他從京都大學理學部畢業後，便勇敢踏足大陸，並深受蒙古遊牧文化所吸引。有趣的是，梅棹先生理論上應該深讀過為數眾多的人文、社會科學文獻，但他卻幾乎沒有在檯面上提過這些東西，只是以他的恩師——生物、人類學者今西錦司的「鉛筆和紙」為工具，貫徹以田野調查為主的方法，並在這方面留下深刻的功績。《梅棹忠夫著作集》雖然有二十三本的記錄之多，但其特色一言以蔽之，就是梅棹先生在國內外的風土遊記與經驗談。

楊海英先生的治學方式，也與梅棹先生頗為相似。他以田野調查為基礎，相當重視經驗，並以平實的方式，將文章撰寫出來。梅棹先生平實親切的文筆乃是天下一流，而楊先生的文章，在意思上也相當清晰易懂；特別是他本人又是出身蒙古（說得更精確一點，或許正是因為同屬阿爾泰語系才會如此？），所以更值得大書特書。楊先生與梅棹先生不同之處在於，他會明確寫出自己引用的文獻，有意識地活用自己拍攝的照片作為佐證，並且堂堂正正地表明自身的政治主張；這些都是梅棹先生所不具備，屬於楊先生自己獨特的風格。

將楊先生的治學引向比較文明論的關鍵之作，是梅棹忠夫的《文明的生態史觀》

（中公文庫）。以「文明的生態史觀」為文明研究的基礎，楊先生雙管齊下，一方面涉獵文獻，另一方面也在歐亞各地進行田野調查；在歷史民族學的松原正毅與其合作夥伴的薰陶下，他漸漸地確信歐亞遊牧文明在世界史中占有極重要的地位，從而提出了以遊牧文明為世界史軸心的觀念，也就是所謂「文明的遊牧史觀」一說，本書便是這項學說的成果。

本書標題的「逆轉」，乃是一種企圖對既有印象以及通說展開的「知性的顛覆」，因此是一種極為宏觀廣闊的論述。關於這種「逆轉」的本質，雖然作者本人在書中已有解說，但我在此仍不嫌疊床架屋，試著將之分成五點加以說明：

第一是「世界觀的逆轉」。

將地圖的南北顛倒，看世界的眼光便會截然不同。這種逆轉的地圖雖已刊載在本書的〈第二章〉當中，不過將該章章名頁的地圖顛倒過來，得到的結果便如附圖（見頁三二二）。若是觀看這張地圖，便會不自覺地把巨大的遊牧文明圈居於世界中心，並向前方的農耕大地不斷入侵。為何遊牧民要以中原為目標呢？據楊先生記述，那是因為「支那是比起遊牧的蒙古高原，更加低窪的農耕地區」。就像河川從高處往低流一樣，遊牧文明圈往南伸展力量，也自有其地政學上的緣由。

我前前後後訪問蒙古國將近十次，在那裡我注意到，散布在廣大草原上的遊牧民移動式住居——蒙古包，它的出入口毫無例外，都是朝向正南方，也就是背對著統御整片星空的北極星。在蒙古包中，牧民能夠清楚瞭解一日的時刻；它的正上方有天窗，透過天窗射進的光線，就能清楚知道在南方天空中東昇西沉的太陽動向；換言之，蒙古包本身就有日晷的功用在。因為出口設在正南方，所以遊牧民從蒙古包外出的方向，也常常都是南邊。在往南的向量運作下，這已經成為了他們固定的生活習慣。若這是遊牧民全體慣有的動向，那麼往南方農耕社會侵略，自然也就成了一種定習。另一方面，長安、洛陽、北京固不用說，就連日本的奈良和京都，其太極殿的位置也都是「天子面南以治」，這或許都是傳承自古代遊牧民的生活形式吧！

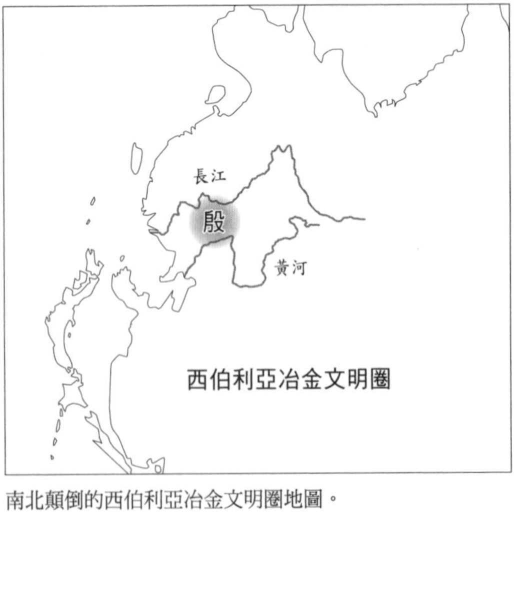

南北顛倒的西伯利亞冶金文明圈地圖。

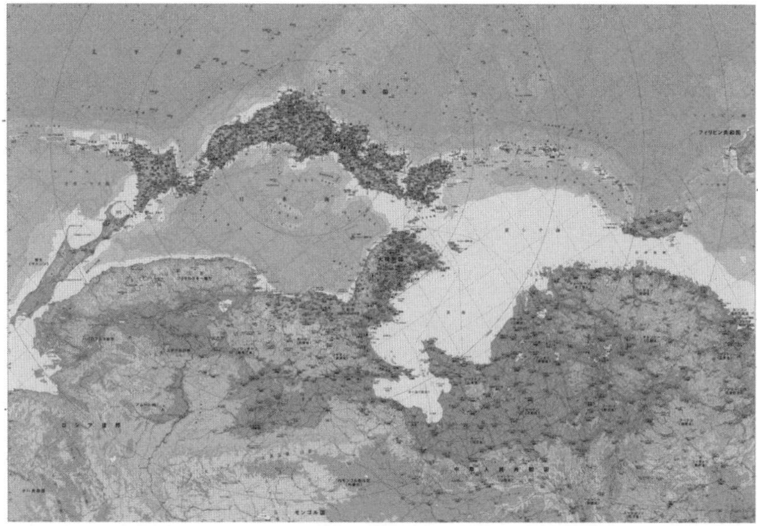

環日本海、東亞諸國圖。此地圖轉引自富山縣製作的地圖（的一部分）。（平成 24 年情使第 238 號）

在日本，也有人發表過從富山縣開始逆轉的日本地圖。位在北陸的富山縣，一般總給人一種遠離都城的印象，但是若將地圖反過來看，也就是將東京灣翻轉到富山灣、太平洋翻轉到日本海、房總半島翻轉到能登半島，這樣一翻轉之後，我們就會發現富山縣毫無疑問，乃是日本中心之所在。我在外國如澳洲，也曾見到過逆轉的世界地圖。澳洲以往曾是英國的殖民地，而英國的世界地圖，理所當然是呈現出一副以英國為正中心，背對大西洋、面對歐陸的地政學姿態；在這樣的地圖中，澳洲只是一個位在東南海域盡頭、朦朧不清的存在。

然而，若把南半球位在地球上半、北半球轉到地球下半，這種以澳洲為中心的世界地圖，又會是怎樣的存在呢？那會變成澳洲以印度洋和太平洋為左右兩翼，雄視歐美兩大陸的樣貌；至於英國，則不過是左下角的極小一塊存在罷了。在日本流通的世界地圖中，東邊的太平洋相當廣大，西鄰的中國看起來也很大，但在楊先生的逆轉地圖中，中國的存在卻是相當之小。

第二是「歷史觀的逆轉」。

所謂「中國」，是中華人民共和國出現後才有的稱呼。日本長久以來一直抱持著「唐、天竺、本朝」的世界觀，將鄰國稱呼為「唐」，外國人稱呼為「唐人」。當時序邁入明治以後，他們則配合西洋人使用的「China」，將這樣的稱呼改為「支那」。所謂「中國史」，指的是一九四九年中國共產黨建國以來的現代史，至今甚至還不滿一個世紀。「支那」之名乃是源於當地第一個統一王朝「秦」，而它也是英語「China」的語源。秦以後的歷史在英語中稱為「Chinese history」，以此推之，日文稱之為「支那史」，其實是很適切的。在這段歷史當中，農耕民族的王朝包含了前漢、後漢（西漢、東漢）的四百年，再加上明朝將近三百年，合計約七百年左右。另一方面，遊牧民族的王朝則有隋與唐的三百多年、元的一百年、清的三百年，合計也是七百年左右。在農耕王朝與遊牧王朝之間的五胡十六國時代、南北朝時代、宋朝等，則都是農耕民與遊牧民彼此相抗衡的時代。在宋朝，北方的遊牧民——金、契丹、蒙古，擁有壓倒性的勢力。契丹是 Qitai 的漢字標記，之後這個發音演變成「Cathay」，直到現代，這個名稱還被香港的「國泰航空公司」等機構普遍地加以運用。正因如此，支那史（Chinese history），既是一部農耕文明的歷史，也是遊牧文明的歷史。

第三是「民族觀的逆轉」。

所謂「中華民族」，其實並非一種真實存在的樣貌。在China，並沒有堪稱「中國人」的民族——正確地說，這樣的東西從來不曾存在。所謂「中華民族」，不過是中國共產黨創造出來的虛構事務罷了。說到底，「民族」這個概念本身，也是明治時期日本人將「Nation」翻譯成漢字後，再從日本傳入鄰國的外來語。在這裡可以介紹一個很明顯的事例。孫文（一八六六～一九二五年），被稱為「中國革命之父」、「國父」，在中華人民共和國與中華民國（台灣）廣受尊敬。他在晚年曾經著有《三民主義》；所謂三民，指的是民族、民權、民生。孫文在論中，積極主張民族獨立、民權伸張與民生安定。他認為，日本已經實現了民族獨立、民權伸張與民生安定，但在China，不管哪一項卻都還不具備，因此必須向日本見習才行。換言之，鄰國的民族自覺，必須從向日本見習開始才邁出步伐。

順道一提，中華人民共和國的「人民」和「共和國」，也是明治時期的日本人將「People」和「Republic」翻譯過來的日本製漢語。明治時期的日本，可以說是「歐美語的大翻譯時代」；來自西洋的自然、人文、社會科學用語，幾乎都被翻譯成日本製的漢語，並且在二十世紀前半傳入鄰國。古代與中世的日本，從大陸傳來的文物當中蒙受了莫大恩惠；但是中國的現代化，則存在著身為日本近代化產物的一面。明治時期的日本，將西洋文物加以日本化並普及萬民，並將科學知識運用在日本各地的技術發展上，從而達成了亞洲最初的工業革命。甲午戰爭中，清國之所以會在日本面前敗下陣來，正是由於技術力有差的緣故。清國反省敗戰之因，推動「變法自強運動」（體制改革），廢置了自隋朝流傳下來的科舉制度，留學生也大舉渡海前來日本。中國共產黨的領導人，也有很多都有過留學日本的經驗，甚至可以說，他們就是來日的最初一批留學生之一。在這當中，以日語精彩解說馬克思經濟學的河上肇，其影響力可說絕大無匹；他的著作幾乎都會被《新青年》等雜誌翻譯成漢文加以介紹。漢文素養很好的河上肇在著作中，經常會使用日本人轉譯成漢語的西洋學術用語，而這些述語在譯成漢文的時候，也直接被照搬了過來。這堪稱是日本與中國在文明史上的逆轉，而中國也變成了在日本文明後面苦苦追趕的狀況。

第四是「漢籍觀的逆轉」。

本書中有許多考古學的資料與遺跡登場，同時也透過照片，對之加以介紹。自司馬遷《史記》開始的史書被稱為「正史」，但這些史書經常都是為了正當化皇帝權力而編纂出來的作品。正因為漢籍史書經常都是依循著權力在記述，所以從中生出了許多不正確、甚至是虛構的事物。哈拉瑞（Yuval Noah Harari）在他的經典暢銷書《人類大歷史》（*Sapiens*）中說，人類透過語言產生了「認知革命」（cognitive revolution），從而獲得了創造文字文化這種「虛構」的能力。先不管他的說法是否正確，在日本由於有將音聲言語視作神性的言靈信仰，所以一直到五世紀左右，都還相當頑強抗拒著漢字。「我只相信自己眼睛所見的事物」，這是梅棹忠夫先生畢生一貫的態度；這種態度貫穿了他在各個領域的表現，與他對文獻資料的懷疑互為表裡。楊海英先生對於妄信漢籍史料這件事，也同樣抱持著強烈的戒心。

第五是「宗教觀的逆轉」。

宗教一般來說，乃是對超越性質的神聖事物之信仰；但是在支那／中國的農耕文明裡，他們所認定的宗教卻是道教和儒教。儒教是為了捍衛體制而存在的教誨，道教則是追求利益的手段，嚴格來說實在難以稱為宗教。佛教、基督教、祆教、伊斯蘭教等世界性宗教，透過歐亞草原之路傳播進東亞地區，而這些信徒最終扮演的角色，便是既存社會的顛覆者。楊先生在本書各處，歷歷指出世界宗教在現代中國中的不穩與蠢蠢欲動。

二十世紀誕生的兩大社會主義圈，即是蘇聯與中華人民共和國。法國歷史學者埃萊娜．卡雷爾．當柯斯在《崩壞的帝國——蘇聯治下各民族的叛亂》（新評論暨藤原書店）等著作中，已經預見了奉伊斯蘭教的突厥系民族運動將會導致蘇聯瓦解。從現實來說，當蘇聯入侵阿富汗的時候，突厥系、信奉伊斯蘭教的蘇聯軍人，對於攻打信奉同樣宗教的阿富汗伊斯蘭教徒深感懷疑；以此為開端，引發了國內騷動，並最終成為蘇聯瓦解的導火線，最後蘇聯瓦解，分裂為以民族為核心的共和國。在日本，也有事先預見這種動向的人物，那就是梅棹忠夫先生。梅棹先生確信民族紛爭乃是比意識形態鬥爭更加根深蒂固的事物，因此力陳有必要研究全世界民族的社會與文化，並在一九七四年之際，就已創設了國立民族學博物館。美蘇冷戰後的國際社會，其最大的不安因素正是世界各地的民族紛爭。前有梅棹先生的預見、以及當柯斯女士對蘇聯的預言性批判，如今本書，或許也是對中國共產黨的一種清晰預言。從這層意義上來說，本書也堪稱一本警世之書。

楊海英先生是靜岡縣民。靜岡縣從二〇一〇年開始將近十年間，和蒙古國的東戈壁省、色楞格省一直保持著友好關係，其成果對兩地民眾都有重大裨益；直至今日，靜岡縣仍與蒙古國政府一起攜手發展著共同的事業。縣知事與縣職員受到蒙古國頒贈的北極星勳章，正是靜岡縣民與蒙古人之間友好互惠、彼此互助的最大表徵。在這樣的良緣下，也請各位不吝接受我的這篇解說。

靜岡縣知事　川勝平太

平成三十一年一月吉日

- 護雅夫，《李陵》，中央公論社，1974
- 森安孝夫，《シルクロードと唐帝国》，講談社，2007
- 山岡拓也，〈道具資源利用に関する人類の行動的現代性〉，《旧石器研究》第 8 號，2012
- 楊海英，《草原と馬とモンゴル人》，日本放送出版協會，2001

  ──《チンギス・ハーン祭祀─試みとしての歴史人類学的再構成》，風響社，2004

  ──〈「河套人」から「オルドス人」─地域からの人類史書き換え運動〉《中国 21》24 號（愛知大學現代中國學會編），2006

  ──《モンゴルのアルジャイ石窟─その興亡の歴史と出土文書》，風響社，2008

  ──〈中国が語りはじめた遊牧文明〉；岡洋樹、境田清隆、佐佐木史郎編，《東北アジア》（朝倉世界地理講座），朝倉書店，2009

  ──《モンゴルとイスラーム的中国》，文藝春秋，2014

  ──〈ステップ史観と一致する岡田史学〉《機》286 號，藤原書店，2016
- 横濱ユーラシア文化館編，《オロンスム─モンゴル帝国のキリスト教遺跡》，横濱ユーラシア文化館，2003
- 吉田順一、チメドドルジ編，《ハラホト出土モンゴル文書の研究》，雄山閣，2008
- 李志綏，《毛澤東の私生活》，文藝春秋，1996
- レヴィ＝ストロース，《神話と意味》，みすず書房，1996
- 若松寛編，《アジアの歴史と文化 7 ─北アジア史》，同朋舍，1999

◎歐文與蒙古文

- James C.Y. Watt, T*he World of Khubilai Khan: Chinese Art in the Yuan Dynasty*, The Metropolitan Museum of Art, New York, Yale University Press, 2010.
- Masami Hamada, L'inscription de Xiate(Shata), in *Silk Road Studies*, V. 2000
- Rintchen, *Les Matériaux Pour L'Étude du Chamanisme Mongol*, Wiesbaden, Otto Harrassowitz, 1959.
- Tayiji ud Masang, *Mongγol Ündüsüten-ü Bürin Teüke(1-6)*, Liyouning-un Ündüsüten-ü Keblel-ün Qoiry-a, 2004.
- Tsveendorj(eds.), *Mongol Ulsin Tuuh(1-5)*, Ulaanbaatar.
- Uradyn E. Bulag, *The Mongols at China's Edge: History and the Politics of National Unity*, Lanham, Rowman & Littlefield Pulishers, Inc. 2002.

——《疾駆する草原の征服者—遼・西夏・金・元》，講談社，2005
——《モンゴル帝国と長いその後》，講談社，2008
• 武內康則，〈最新の研究からわかる契丹文字の姿〉；荒川慎太郎、澤本光弘、高井康典行、渡邊健哉編，《契丹（遼）と 10 ～ 12 世紀の東部ユーラシア》，勉誠出版，2013
• 中見立夫，〈「地域」「民族」という万華鏡、「周縁」「辺境」と呼ばれる仮想空間〉；中見立夫編，《境界を越えて—東アジアの周縁から》，山川出版社，2002
• ハイシッヒ，《モンゴルの歴史と文化》，岩波書店，1967
• 萩原守，《体感するモンゴル現代史》，南船北馬舍，2009
• 橋本萬太郎、鈴木秀夫，〈漢字文化圏の形成〉；橋本萬太郎編，《漢民族と中国社会》，山川出版社，1983
• 濱田正美，《東トルキスタン・チャガタイ語聖者伝の研究》，京都大學文學院文學研究科，2006
• 濱由樹子，《ユーラシア主義とは何か》，成文社，2010
• 林俊雄，《ユーラシアの石人》，雄山閣，2005
——《グリフィンの飛翔》，雄山閣，2006
——《スキタイと匈奴》，講談社，2007
——〈フン型鍑〉，草原考古研究會編，《鍑の研究》，雄山閣，2011
• 藤川繁彥編，《中央ユーラシアの考古学》，同成社，1999
• 藤原崇人，〈草原の仏教王国—石刻、仏塔文物に見る契丹の仏教〉；荒川慎太郎、澤本光弘、高井康典行、渡邊健哉編，《契丹（遼）と 10 ～ 12 世紀の東部ユーラシア》，勉誠出版，2013
——《契丹仏教史の研究》，法藏館，2015
• 堀喜望，《文化人類学》，法律文化社，1954
• 松川節，《図説・モンゴル歴史紀行》，河出書房新社，1998
• 松田孝一，〈オロンスムの発現と歴史〉，横濱ユーラシア文化館，2003
——〈西遼と金の対立とチンギス・カンの勃興〉，科研費報告書《13 ～ 14 世紀モンゴル史研究》，2016
• 松原正毅，〈遊牧からのメッセージ〉；小長谷有紀、楊海英編著，《草原の遊牧文明》，財團法人千里文化財團，1998
• 間野英二編，《アジアの歴史と文化 8 —中央アジア史》，同朋舍，1999
• 宮紀子，《モンゴル時代の出版文化》，名古屋大學出版會，2006
• 毛利和雄，《高松塚古墳は守れるか》，日本放送出版協會，2007
• 森部豊，〈八世紀半ば～十世紀の北中国政治史とソグド人〉；森部豊編，《ソグド人と東ユーエアジアの文化交渉》，勉誠出版，2014

会紀要》第 39 號，2009
- ウィトフォーゲル，《東洋的専制主義》，論争社，1961
- ウノ・ハルヴァ，《シャマニズム—アルタイ系諸民族の世界像》，三省堂，1971
- 梅棹忠夫，《文明の生態史観》，中央公論社，1967
- 梅村坦，《内陸アジア史の展開》，山川出版社，1997
- 江上波夫，《ユウラシア古代北方文化—匈奴文化論考》，全國書房，1948
- 大澤孝，〈西突厥におけるソグド人〉；森部豊編，《ソグド人と東ユーエアジアの文化交渉》，勉誠出版，2014
- 岡田英弘，〈東アジア大陸における民族〉；橋本萬太郎編，《漢民族と中国社会》，山川出版社，1983
  ——《読む年表・中国の歴史》，WAC，2012
  ——《康熙帝の手紙》，藤原書店，2013
  ——《岡田英弘著作集 IV・シナ（チャイナ）とは何か》，藤原書店，2014
- 小川環樹，〈敕勒の歌—その原語と文学史の意義〉《東方学》第十八輯，1959
- 貝塚茂樹、伊藤道治，《古代中国》，講談社，2000
- 海部陽介，《日本人はどこから来たのか？》，文藝春秋，2016
- 川勝平太，《文明の海洋史観》，中央公論社，1997
- 岸本英夫編，《世界の宗教》，大明堂，1965
- 九州國立博物館，《草原の王朝契丹—美しき 3 人のプリンセス》，西日本新聞社，2011
- 窪德忠，《中國宗教における受容・変容・行容—道教を軸として》，山川出版社，1979
  ——《道教の神々》，講談社，1996
- 窪田順平編，小野浩、杉山正明、宮紀子，《ユーラシア中央域の歴史構図》，總合地球環境學研究所，2010
- 栗田直樹，《共産中国と日本人》，成文堂，2016
- 小長谷有紀、楊海英編著，《草原の遊牧文明》，財團法人千里文化財團，1998
- 小長谷有紀，〈地図でよむモンゴル〉，《季刊・民族学》85 號，1998
- 佐藤公彥，《中国の反外国主義とナショナリズム》，集廣舍，2015
- 澤田勳，《匈奴—古代遊牧国家の興亡》，東方書店，1996
- 杉山清彥，《大清帝国の形成と八旗制》，名古屋大學出版會，2015
- 杉山正明、北川誠一，《大モンゴルの時代》，中央公論社，1997
- 杉山正明，《遊牧民から見た世界史》，日本經濟新聞社，1997
  ——〈世界史上の遊牧文明〉，《季刊・民族学》85 號，1998
  ——《世界史を変貌させたモンゴル》，角川書店，2000

參考文獻

◎中國語

- 赤峰學院紅山文化國際研究中心編，《紅山文化研究》，文物出版社，2006
- 赤峰中美聯合考古研究項目編著，《內蒙古東部（赤峰）區域考古調查階段性報告》，科學出版社，2003
- 陳永志編，《內蒙古文物考古文集・三》，科學出版社，2004
- 李范文編，《西夏通史》，人民出版社、寧夏人民出版社，2005
- 孟志軍，《雲南契丹後裔研究》，中國社會科學出版社，1995
- 內蒙古自治區文物考古研究所、哲里木盟博物館，《遼陳國公主墓》，文物出版社，1993
- 內蒙古自治區文物考古研究所、鄂爾多斯博物館，《朱開溝——青銅時代早期遺址發掘報告》，文物出版社，2000
- 內蒙古自治區文物考古研究所、李逸友、魏堅編，《內蒙古文物考古文集・一》，中國大百科全書出版社，1994
- 內蒙古自治區文物考古研究所、魏堅編，《內蒙古文物考古文集・二》，中國大百科全書出版社，1997
- 寧夏文物考古研究所，《水洞溝——1980年發掘報告》，科學出版社，2003
- 史金波、白濱、吳峰雲編，《西夏文物》，文物出版社，1988
- 蘇秉琦，《中國文明起源新探》，遼寧人民出版社，2009
- 孫危，《鮮卑考古學文化研究》，科學出版社，2007
- 宿白，《藏傳佛教寺院考古》，文物出版社，1996
- 內蒙古自治區文物工作隊，田廣金、郭素新編著，《鄂爾多斯式青銅器》，文物出版社，1986
- 塔拉編，《走向輝煌——元代文物精品特展》，內蒙古博物院，2010
- 烏雲畢力格，《喀喇沁萬戶研究》，內蒙古人民出版社，2005
- 西藏自治區檔案館編，《西藏歷史檔案薈粹》，文物出版社，1995

◎日本語

- 荒川紘，《車の誕生》，海鳴社，1991
- 石濱裕美子，《清朝とチベット仏教》，早稲田大學出版部，2001
- 出穂雅美、B・ツォグトバータル、山岡拓也、林和広、A・エンフトゥル，〈モンゴル東部・ハンザット1旧石器遺跡の第1次調査報告〉，《日本モンゴル学

文明的遊牧史觀

一部逆轉的大中國史

文明的遊牧史觀：一部逆轉的大中國史

楊海英著／鄭天恩譯／新北市／八旗文化出版／遠足文化發行／2019.04

譯自：逆転の大中国史―ユーラシアの視点から

ISBN 978-957-8654-58-7（平裝）

一、中國史　二、遊牧民族　三、歐亞大陸

610

108003915

作者　楊海英

譯者　鄭天恩

總編輯　富察

責任編輯　穆通安、洪源鴻

行銷總監　蔡慧華

封面設計　虎稿．薛偉成

排版　宸遠彩藝

出版　八旗文化／遠足文化事業股份有限公司

發行　遠足文化事業股份有限公司（讀書共和國出版集團）

地址　新北市新店區民權路 108-2 號 9 樓

電話　〇二～二二一八～一四一七

傳真　〇二～二二一八～八〇五七

客服專線　〇八〇〇～二二一～〇二九

信箱　gusa0601@gmail.com

臉書　facebook.com/gusapublishing

部落格　gusapublishing.blogspot.com

法律顧問　華洋法律事務所／蘇文生律師

印刷　成陽彩色印刷股份有限公司

出版日期　二〇一九年四月（初版一刷）
　　　　　二〇二四年一月（初版三刷）

定價　四〇〇元整